企業法入門

〔第5版〕 龍田 節／杉浦市郎

日本評論社

第五版　はしがき

　法律についての初心者が、生活に身近な企業の主な制度の説明を通して、現代法の重要な一郭を親しく理解する手助けとしたい。そのような願いから、企業の活動や組織にかかわる法のあり方をわかりやすく述べようとする執筆方針は、本書の初版以来変わることなく続いている。

　経済社会が急速に変動するのに応じて、企業をめぐる法制度も頻繁に変化する。本書も毎年改訂しなければこれに追いつけないが、第四版以後の共同執筆態勢でもこれは容易ではない。ようやくここに版を改め、その後の改正等を反映させることができた。

　会社法、独占禁止法、金融商品取引法その他、企業に特有の法律について改正や判例その他重要な変化があっただけではない。企業も含む市民生活に広く適用される民法が120年ぶりに改正された。債権を中心とするこの改正法は、すでに公布され効力が生じているものの、施行はまだ先のことである。本書ではこの改正に、凡例と本文の組み合わせによって対応している。

　本書第四版までの上梓をお願いした株式会社悠々社が解散した。同社代表取締役須藤忠臣氏にお礼を申し上げる。第五版は株式会社日本評論社のご厚意により出版できることになった。多大のお骨折りをいただいている同社社長串崎浩氏に、心から感謝する次第である。

2018年1月

　　　　　　　　　　　　　　　　　　　　　　　龍田　　節
　　　　　　　　　　　　　　　　　　　　　　　杉浦　市郎

はしがき〔初版〕

　企業は現代の経済活動の主な担い手である。私たちは日常生活に必要なモノやサービスの大部分を企業との取引で得ており、また、多くの人は企業を職場としている。企業を知るための接近方法はいろいろあるが、企業をとり巻く法を知ることもその1つである。別の見方をすれば、企業をめぐる法を知ることは、現代社会における法の仕組みの重要な部分を知ることである。

　企業をとり巻く法にはさまざまなものがあり、いくつもの領域に分かれ、それぞれについて深い研究がされている。本書の示すのはほんの一端、それもこれから勉強を始めようとする人たちに理解しやすいように、身近なところから初歩的な問題を選んでみた。学問の上で企業法とは何かは大きな研究テーマであるが、ここではそれをひとまず置いて、私たちの生活にかかわりの深い取引や、ニュースなどでよく見聞きする企業の法律問題に焦点を当てている。

　1987年から5年間、私は放送大学のラジオ講義「取引と企業の法」を担当した。その時は30回の講義で商法のほぼ全域をカバーした。1996年度後期、京都大学で「法学入門Ⅱ」を担当した折、企業法入門の内容で話をすることにし、いくつかのテーマを前のテキストから引継いで補正する一方、独占禁止法など新しいテーマも若干追加した。本書はその講義ノートに手を加えたものである。読者の皆さんが企業をめぐる法に興味と感心を持つきっかけを、本書から得ていただくことができれば、私としては非常に嬉しい。

　本書の出版にあたっては、株式会社悠々社代表取締役須藤忠臣氏に大変お世話になった。心からお礼を申し上げたい。

　1997年1月　　　　　　　　　　　　　　　　　　　　　　龍　田　　節

凡　　例

　左右欄余白の数字は当該パラグラフの番号を示す。小数点の左側は章・節であり、小数点の右側は項である。例えば、〔53.1〕は第5章第3節第1項の意味であり、〔103.5〕は第10章第3節第5項の意味である。
　他の箇所を参照せよというときに上の方式を使う。連続する参照先をまとめて示すのに＊の記号を用いる。例えば、〔74.＊〕とあれば〔74.1〕から〔74.5〕までを参照されたい。

　法令名は正式名称を用いたが、「私的独占の禁止及び公正取引の確保に関する法律（昭和22法律54号）」は、「独占禁止法」と略称した。

民法の平成29（2017）年改正　→　施行は平成32（2020）年4月1日
　民法改正法……民法の一部を改正する法律〔平成29法44〕
　民法改正整備法……民法の一部を改正する法律の施行に伴う関係法
　　　　　　　　　　律の整備等に関する法律〔平成29法45〕
　民法新〇〇〇条……民法改正法によって改正された民法の規定
　商法新〇〇〇条……民法改正整備法によって改正された商法の規定
施行＝民法改正法の公布日（平成29年6月2日）から3年を超えない範囲内において政令（民法の一部を改正する法律の施行期日を定める政令、平成29政309号）で定める日平成32（2020）年4月1日（同法附則1条）

目　次

はしがき

凡　例

第1章　企業と取引　1

1　企業はどのような取引をするか …………………… 1
1　作って売る／2　運搬し貯蔵する／3　施設を備える／4　資金を集め人を雇う／5　新しい事業

2　消費者と企業との間の取引 …………………… 4
1　生活の中の企業／2　消費者を釣れ／3　法律は水か空気

3　企業の取引を法律の目で見ると …………………… 6
1　契約は守るべし／2　返事は面倒／3　権利の上に眠る／4　一蓮托生／5　商人はシャイロックだった？

4　市民の法と企業の法 …………………… 9
1　一物二法／2　商人とは

第2章　商品の流通　12

1　商品が消費者の手に渡るまで …………………… 12
1　商品により異なるルート／2　自社製品の販売網

2　販売店・代理店のいろいろ …………………… 13
1　卸売商／2　代理店／3　委託販売(問屋)／4　ブローカー(仲立)／5　役割の使い分け

3 企業と企業の間の売買 ………………………… 17
1 民法の定めと商事売買／2 六日のあやめ・十日の菊／3 キズ物の取替え／4 約束が第一

4 価格の決定 ……………………………………… 20
1 再販制度／2 不当廉売

第3章 金の流れと決済　24

1 物の流れと金の流れ …………………………… 24
1 資金の移動／2 送金・振込みと取立て／3 クレジットカード／4 プリペイドカードとデビットカード

2 銀行取引と手形・小切手 ……………………… 29
1 当座預金／2 手形貸付／3 手形割引

3 手形などの決済 ………………………………… 31
1 手形交換／2 不渡手形

第4章 企業の組織　33

1 企業の活動を支える人たち …………………… 33
1 取引をする権限／2 店員とセールス／3 支店長・部長・課長など／4 社長・専務などと代表取締役／5 執行役と代表執行役

2 企業運営の仕組み ……………………………… 38
1 会社の機関／2 株主の役割／3 指名委員会等設置会社と監査等委員会設置会社／4 社外取締役と社外監査役

3　企業の形態 …………………………………………………… 42
　　1　個人企業／2　共同企業／3　会社／4　株式会社

第5章　企業のグループ　47

1　企業の結び付き ……………………………………………… 47
　　1　契約による結合／2　横のつながりと縦のつながり／
　　3　株式の所有／4　役員の兼任・派遣
2　親会社と子会社 ……………………………………………… 51
　　1　会社の親子関係とは／2　完全親会社と完全子会社／
　　3　親子会社に対する規制／4　持株会社
3　株式の持合い ………………………………………………… 55
　　1　花見酒／2　株式相互保有の規制
4　グループの全体像を示す …………………………………… 56
　　1　会計の連結／2　企業結合の開示

第6章　企業の資金　59

1　企業の資金繰り ……………………………………………… 59
　　1　カネは企業の廻りもの／2　首の廻りぐあい
2　返す必要のない資金——株式 ……………………………… 60
　　1　株式のサイズ／2　株式の種類／
　　3　複数の種類があるとき／4　新株予約権
3　増資さまざま ………………………………………………… 65
　　1　株主割当／2　時価発行公募／3　第三者割当／
　　4　増資の手続
4　大衆からの借金——社債 …………………………………… 67

　　　　1　社債と株式／2　新株予約権付社債と普通社債／
　　　　3　担保付社債と無担保社債／4　社債の発行とその後
5　コマーシャル・ペーパーと短期社債 …………… 70

第7章　投資と利殖　71

1　資産運用の狙いどころ …………… 71
　　　　1　タンス預金と土地神話／2　貯蓄・投資・投機
2　株式への投資 …………… 72
　　　　1　株式投資の狙い／2　どの会社の株式？
3　株式の信用取引 …………… 74
　　　　1　持っていない株式を売る／2　なぜ信用取引か
4　先物取引とデリバティブ取引 …………… 76
　　　　1　商品の先物取引／2　証券のデリバティブ取引／
　　　　3　金融指標のデリバティブ取引
5　プロまかせの資産運用 …………… 79
　　　　1　投資一任契約と投資助言／2　信託／
　　　　3　投資信託・投資法人
6　甘言に乗るリスク …………… 83

第8章　企業の失敗　85

1　行詰まりと再建 …………… 85
　　　　1　倒産／2　私的整理／3　民事再生／4　会社更生
2　戦線を縮小して再出発 …………… 88
　　　　1　資本の欠損／2　資本減少

3 会社が消えるとき ………………………………………… 90
 1　破産／2　解散／3　清算／4　休眠会社

第9章　企業と責任　94

1 責任さまざま ……………………………………………… 94
 1　企業の社会的責任／2　法律上の責任
2 民事責任 …………………………………………………… 96
 1　契約責任／2　不法行為責任／3　国や自治体の責任／4　経営者の責任／5　その他
3 刑事責任 …………………………………………………… 102
 1　法人は犯罪をしない／2　法人にも刑罰
4 行政上の制裁 ……………………………………………… 104
5 非行の発見と責任の追及 ………………………………… 104
 1　発見の糸口／2　責任の追及／3　消費者の救済／4　消費者のネット取引

第10章　権利の乗物——紙からネットへ　109

1 紙に乗った権利——有価証券 …………………………… 109
 1　証拠証券と有価証券／2　免責証券と有価証券／3　いろいろの有価証券／4　法律によって違う有価証券／5　紙の怖さ
2 紙から権利を切り離す …………………………………… 114
 1　燃えた証券／2　証券を無効にする
3 紙からネットへ …………………………………………… 115
 1　紙の恵み／2　紙の煩わしさ／

3　ネット上の手形——電子記録債権／
    4　株券・社債券はどこに？／5　新たな証券化

第11章　知的財産権と企業　121

1　知的財産権とは …………………………………………… 121
    1　特許権／2　実用新案権／3　意匠権／
    4　商標権／5　著作権／6　工業所有権と知的財産権
2　先端産業の知的財産 …………………………………… 126
    1　プログラム／2　データベース／
    3　半導体集積回路／4　バイオテクノロジー
3　知的財産権に関する国際条約 ………………………… 130
    1　工業所有権保護条約(パリ条約)と特許協力条約／
    2　著作権を保護する条約(ベルヌ条約)と万国著作権条約／3　集積回路に関する知的財産条約／4　植物新品種の保護条約
4　知的財産権は誰のものか ……………………………… 133
    1　出願と登録／2　企業の権利と個人の権利

第12章　競争と独占　137

1　休戦協定 ………………………………………………… 137
    1　カルテル／2　事業者団体／3　寡占業界の同調的値上げ
2　ガリバーの脅威 ………………………………………… 141
    1　大企業の横暴／2　優等生企業の成長／
    3　企業の政略結婚／4　資本のつながり

3 歪んだ競争 …………………………………………… 145
 1 系列を固める／2 欺瞞とオマケ作戦
4 競争秩序を守る ………………………………………… 148
 1 独占の番人／2 ルール破りの損得勘定／3 裏切りの功名／4 なぜ競争か

第13章　紛争解決と政府規制　153

1 訴訟社会と話せばわかる社会 ………………………… 153
 1 救急車を追跡せよ／2 社長を出せ／3 社会は動く
2 裁判と裁判所 …………………………………………… 157
 1 手続の流れ／2 裁判所と裁判官／
 3 裁判所の仕事／4 刑事の裁判
3 裁判以外の紛争解決 …………………………………… 163
 1 和解・調停・仲裁など／2 苦情処理
4 規制と規制緩和 ………………………………………… 166
 1 規制の目的／2 規制の方法・手続／3 行政指導／
 4 なぜ規制緩和か／5 規制緩和はなぜ進まないか

第14章　国際社会と企業　172

1 経済摩擦 ………………………………………………… 172
 1 日米構造問題協議とその後／2 貿易戦争／
 3 ガットとWTO
2 国境を越える企業 ……………………………………… 176
 1 日本国内の外国企業／2 日本企業の海外進出／
 3 貿易と海外生産

3 国際的な資金移動 180
1 決済の仕組み／2 ネットワークは大丈夫か／
3 国際通貨基金

4 国際化する企業組織 184
1 外国人取締役・外国人株主／
2 合弁会社／3 多国籍企業

5 税金と国境 187
1 課税は一度でたくさん／2 節税はどこまで

第15章 企業法の生い立ち　189

1 バビロンからビスマルクまで 189
1 万民法と慣習法／2 ベニスの商人／3 冒険商人たち／4 東インド会社／5 ナポレオン法典

2 文明開化の新立法 194
1 第一の黒船とお雇い外国人／2 和魂洋才／
3 マッカーサーのコーンパイプ／
4 第二・第三の黒船／5 グローバル化と現代化

3 百花繚乱の企業法 198
1 競い合う家元／2 レールの幅を同じに／
3 国の数と法律の数

4 企業法のアイデンティティ 201
1 商人のルールから市民のルールへ／2 氷河は動く

事項索引 204

企業法入門

第1章　企業と取引

1　企業はどのような取引をするか

1　作って売る

新聞の株式市況欄を開いてみよう。実にさまざまの企業が数字といっしょにひしめいている。幸い業種別に分類してあるので、それぞれの企業が主にどんな事業を営んでいるかがわかる。食品、繊維、鉄鋼、電気製品など、大部分は製造業（メーカー）の部類に入る。メーカーがしていることをごく大まかにいうと、原材料を仕入れてそれを製造・加工し、出来上がった商品を販売することである。

賃機のように、他人の原材料を加工して収入を得る事業もある。これは委託加工契約である。しかし、たいていのメーカーは自分で原材料を購入する。これは売買契約である。自分の原材料を製造・加工するのだから、出来上がった商品もメーカーのものである。それが鉄板や塗料のような生産財であれば、他のメーカーなどに直接、あるいは商社のような卸売商を通じて販売される。食品とか冷蔵庫など消費財の場合は、卸売商・小売商を通じて最終的には消費者に販売される。それぞれの段階で行われる取引は、ほとんどが売

買契約の形をとる(売買以外の形もあることにつき、〔22.*〕)。

11.2　2　運搬し貯蔵する

　仕入れた原材料はメーカーの工場に搬入する。出来上がった商品はメーカーから卸売商や小売商などに運ぶ。売主または買主が自分で運ぶこともある。しかし多くの場合、トラック・鉄道・船・航空機などを持った運送企業が利用される。そこには運送契約の形で取引が生じる。

　原材料はすぐに使うとは限らない。作った商品も、すぐ右から左へ売れるとは限らない。メーカーや卸売商などに保管設備があれば、そこに自分で貯蔵できる。それがなければ倉庫業者に預かってもらう。ここで行われる取引は寄託契約にほかならない。

11.3　3　施設を備える

　企業には本社や支店の社屋、工場・展示場、その他の建物や設備が必要である。借りて間に合うこともあれば(賃貸借契約)、出来合いのものを譲り受けることもあろう(売買契約)。新築するには建設業者と請負契約を結ぶ。

　建物の焼失に備えて火災保険を掛ける。ほとんどの企業は自動車を持っているから、自動車に関する何種類かの保険に入る。製品の欠陥のために責任を負わねばならない場合のために、製造物責任保険(PL保険)を掛けておく。これらは損害保険会社との契約である。従業員のための団体生命保険とか年金の契約を、生命保険会社との

間で結ぶこともある。

4　資金を集め人を雇う

　事業には資金が必要である。銀行から融資を受けるときには消費貸借契約を締結する。それにからんで保証契約や担保権設定契約をすることも多い。逆に銀行に預金をするときの契約は、預かってもらうことが主なので消費寄託と呼ぶ。株式や社債を発行して資金を調達するときは、証券会社（金融商品取引業者）との間で引受契約などを締結する。

　企業が活動するには、モノやカネより先にヒトが必要である。従業員との間には雇用契約が結ばれるが、人材派遣会社と労務の請負契約を結ぶこともある。従業員の地位や権利を守るために数多くの法律が制定されており、それらが集まって労働法という特別の分野を形成している。取締役、監査役や執行役と企業との間にも任用契約があるが、これは委任契約の一種と見られる。

5　新しい事業

　企業がどのような取引をしているか、メーカーを中心にごく大ざっぱに見たのが以上のスケッチである。もちろん、一口に売買とか貸借といっても、単純なものから複雑な内容のものまでさまざまである。その上、世の中が進むにつれて、サービスとか情報というような目に見えない、形のないものの取引がふえる。情報・通信産業などの重要さが高まっている。

2 消費者と企業との間の取引

12.1　1　生活の中の企業

　企業と企業との間の取引といえば、別世界のできごとのように思われるかもしれない。企業に勤める人にとってはそうではないにしても、それは仕事の上だけの話であり、日常生活とは無関係だと考えるむきもあろう。実際はそうではなく、私たちの生活は企業にとり巻かれ、企業との取引によって成り立っているといってよい。

　通勤・通学に利用する電車やバスは企業が走らせている。乗るたびごとに意識はしないだろうが、運送契約という取引に基づくことに変わりはない。日常の食品や衣類は小売商との売買契約で手に入れる。小売商には零細な個人企業もあれば、百貨店やスーパーのような大企業もある。電気やガスは電力会社・ガス会社などと供給契約を結んで買う。

　土地・住宅などの不動産とか、自動車や家具のような耐久消費財は、そう頻繁に購入するものではなく、金額もかさむので、慎重に品選びをし、条件を検討する。この場合は自分が取引していることをかなり強く意識するだろう。知人から家屋を譲り受けるとか、友人の中古車を買うなど、市民同士が取引することもあるが、たいていは企業が売主である。あるいはブローカーなどの企業が間に立つ。

2　消費者を釣れ　　　　　　　　　　　　　　　　　　　　12.2

　現代は大衆消費社会である。消費者に売込みを図る企業にとっては、いかに多くの顧客をつかみ大量の商品を販売するかが勝負どころである。競争に勝ち抜くために、企業は広告宣伝に力を入れるほか、販売の方法にも工夫をこらし、顧客の獲得に努める。他社の製品を買うかもしれない消費者に自社製品を買わせるだけでなく、放っておけば買わない物も買わせるように全力を注ぐ。訪問販売、通信販売、電子商取引など、売り方は多彩である。割賦販売やローン提携販売などは、購入時に支払う金額を少なくするか払わなくてもよい方法で、やはり購買層の拡大を狙う。

　企業はその道のプロであり、知識・経験・情報を豊富に持っている。概して資力も大きい。これに反して一般の消費者は、これらすべての点で企業に劣り、その格差は絶大である。誇大広告や巧妙な勧誘につられて不要の品を買った、商品に欠陥があったために被害を受けた、などのトラブルを消費者が企業との間で解決するのは容易ではない。ニュースでよく見るように、消費者の無知につけこむ悪徳業者も跡を絶たない。消費者保護には特別の配慮が必要であり、立法などにより数多くの施策が積み重ねられている[95.3]。

3　法律は水か空気　　　　　　　　　　　　　　　　　　　　12.3

　私たちが法というものを身近に感じるのは、こういうトラブルに巻き込まれたときであろう。紛争の解決は法の重要な機能である。しかし、それだけが法なのではない。世の中の仕組みがうまく働く

ようにするのが法の役割である。取引についていえば、大部分はトラブルなしに運ばれている。裁判所の厄介になるもの、ニュースに取り上げられるものは、ごく一部の不幸な事例にすぎない。日常無数に行われる取引は、ほとんど法を意識することなくすんでいるが、それでいて法のルールにのっとっている。たえず法を意識しなければならないとすれば、取引の実状に合わなくなった法が悪いか、枠からはみ出た取引をしようとする人が悪いか、どちらかであろう。ふだん意識せずに従っているルールは社会の仕組みそのものであり、それを知ることは社会に対する理解を深めるだけでなく、無用な紛争の予防にも役立つ。

3　企業の取引を法律の目で見ると

13.1　1　契約は守るべし

さきに、企業が他の企業または消費者との間で行うさまざまの取引を見た。それらの最大公約数を探すと、どの取引も契約の形をとっていることがわかる。一方が申し込んで他方が承諾し、合意ができたところに取引が成立する。契約書という書面がなくても、意思が合致すれば合意であり、お互いが了解している内容は、口に出さなくても合意の中身になる（黙示の契約）。この契約から、物の引渡しとか代金の支払いを求めるなどの権利が生まれる。それに対して相手方は義務を負い、約束を守らないときには、契約を解除して元の状態に戻したり、損害賠償の責任が問われたりする。

契約をめぐるこうした問題については民法が定めている。民法の

定めは、当事者が誰であろうと適用される、一般的なルールである。もちろん企業にも適用される。他方、適用範囲を限定せず、市民が当事者のときにも当てはまるように作ってあるから、民法の定めはかなり抽象的である。企業についてしっくりしないルールも出てくる。そのため、企業に特有のルールが別に生まれる。商法はそういう定めを集めた法律である。少し例を挙げてみよう。

2　返事は面倒

13.2

　田中さんが鈴木さんから手紙で契約の申込みを受けた。田中さんはこの契約に乗り気でなかったので、失礼だとは思いつつ、返事を出さずに放置した。この場合、申込みだけがあって承諾がなく、合意に達していないから契約は成立しない。ところが、田中さんが商人〔14.2〕で、鈴木さんとの間に平素取引関係があると話が違ってくる。鈴木さんから申込みを受けた契約が営業の範囲内のことがらであれば、田中さんは承諾するかしないかをすぐに返事しなければならず、それをせずに放っておくと、断るつもりでも契約が成立してしまう(商法509条)。鈴木さんが商人なら、田中さんから契約の申込みをしたときも同じ扱いになる。

3　権利の上に眠る

13.3

　田中さんが鈴木さんに100万円の債務を負っているとしよう。鈴木さんがこの債権を行使しないで10年間放っておくと、時効で債権が消滅し、取立てができなくなる(民法167条1項)。ところが、こ

の債権が商行為[14.2]から生じたものであれば、半分の5年間放っておくだけで消滅してしまう(商法522条)。商取引は早く決着をつける必要が大きいと考えられたためである。債権の種類によってはもっと短い時効期間の定めがあり、その場合は短い方の期間による注1。

13.4　4　一蓮托生(いちれんたくしょう)

　田中さんの債務を前田さんが保証していたとする。田中さんが100万円を支払わないとき、鈴木さんは前田さんに支払を請求できるが、前田さんは鈴木さんに対し、まず田中さんから取り立てろと言うことができる(民法452条・453条)。ただ、前田さんが連帯保証人になっていたときは、そういう主張はできず、すぐに100万円を支払わなければならない(民法454条)。ところが、田中さんの商行為から生じた債務を前田さんが保証していれば、とくに連帯保証といってなくても、前田さんは常に連帯保証人として責任を問われる(商法511条2項)。商取引が安全確実に実行されることを狙ったルールの1つだといえよう。

13.5　5　商人はシャイロックだった？

　鈴木さんが田中さんに100万円を貸すとき、とくに約束してなければ利息をとれないのが原則である。これに対し、鈴木さんも田中さんも商人であれば、黙っていてもその100万円には利息が付く(商法513条1項)。

利息をとることだけ約束して、利率を定めていないとき、法定利率が適用される点は、民事も商事も同じであるが、民事ではそれが年5％なのに、商事では年6％になる(民法404条、商法514条)[注2]。商人は資金があればそれを有効に活用できるチャンスを多く持っていることを考慮したルールである。超低金利の時代に、6％は高利である。利率の約定は重要である。

4　市民の法と企業の法

1　一物二法

契約の成立とか、時効、保証、利息などという同じことがらでも、民法と商法とで結果が違ってくる例を見た。次章で述べるように、同じ売買であっても、売主と買主がともに商人であれば、違ったルールの適用を受けることがある。ここに2つの問題が生じる。①民法と商法のどちらが適用されるかは、どういう基準によって決まるのか。②なぜそのように違ったルールが必要になるのか。②の問題は本書の最後で検討することにして、まず適用範囲を考えよう。

注1　商法522条は削除され(民法改正整備法3条)、民事・商事の区別なく、債権者が権利行使できることを知った時から5年、行使可能な時から10年で、債権は時効により消滅する(民法新166条1項)。3年・2年・1年の短期消滅時効を定める民法170条～174条も削除(民法改正法)。

注2　商法514条は削除(民法改正整備法3条)。民事法定利率は年3％に引き下げたが、これは3年ごとの変動制である(民法新404条)。

民法・商法のどちらが適用されるかによって結果が違うのだから、境界をはっきりさせる必要がある。さきの例では、田中さんなり鈴木さんなりが商人であればとか、田中さんの債務が商行為から生じたものであればと言った。鍵はここにある。つまり、商人と商行為とが商法の適用範囲を決める。商人は企業、商行為は企業取引と考えてほぼよいわけだが、あいまいさが残っては困るので、商法はもっと技術的な定め方をしている。

14.2　2　商人とは

商行為をいくつか列挙する(商法501条・502条)。そのうちどれかを営利の目的で継続的に行う者がまず商人とされる(商法4条1項。固有の商人)。厳密さを期すため、商行為は例示としてではなく、限定的に列挙されている。例えば、安く仕入れて高く売る行為は、仕入れたままの物を転売しても、製造・加工した上で販売しても商行為である(商法501条1号)。ところが、自分が栽培したり獲ったりした野菜や魚などを売っても、仕入れという行為が欠けるので、商行為にはならない。野菜や魚が店先に並べてあるときに、仕入れたものを売っていれば商法、そうでないときは民法を適用すると区別したのではおかしい。そこで、店舗を構えて販売業を営む者はすべて商人に含める(商法4条2項前段)。

こうして商人の範囲が決まると、今度は商人が営業のためにする行為を、それが列挙された商行為に当たるかどうかを問うことなく、すべて商行為として扱うことになる(商法503条)。

実際にもっと重要なのは、会社がその事業としてする行為および

その事業のためにする行為は、すべて商行為とされることである（会社法5条）。

　企業と消費者との間の取引のように、当事者の一方にとってだけ商行為となる場合とか、数名の当事者のうち1人にとってだけ商行為であるにすぎない場合にも、全員に商法が適用される（商法3条）。そうはいっても、両当事者とも商人である場合に初めて適用される規定があるから、どの範囲に適用されるかは条文ごとに考える必要がある。

第2章　商品の流通

1　商品が消費者の手に渡るまで

21.1　1　商品により異なるルート

　メーカーで作られた商品は、いくつかの段階を経て消費者の手に渡る。流通の仕方は商品の種類によって、単純なものから複雑なものまでさまざまである。単純な流通経路は、卸売商と小売店の手を経て消費者に至るルートである。卸売商は、発売元・特約店・二次店など、さまざまの名称の業者が段階的につらなっていることがある。また、一口に小売店といっても、百貨店・スーパー・コンビニ・一般食料品店・生協など多様な形態がある。

　輸入品は、外国のメーカーなどから日本での独占的販売権を与えられた輸入総代理店の手を経てから、卸売商などに流れることが多い。これとは別ルートで、同じブランド品の並行輸入が行われることもある。

　生鮮・冷凍水産物などは、はるかに複雑な流通経路をたどる。

2　自社製品の販売網 21.2

　メーカーや輸入総代理店を源にして、特約店・二次卸・小売店と下流に行くほど数が多いのが普通である。ピラミッドに似た形をとる。有力なメーカーなどが、自社製品を扱う販売店に他社製品の扱いを禁止するとか、小売店の仕入先を指定するなどして、流通機構の末端にまで支配を及ぼすことがある(流通系列化)。これが行き過ぎると、ライバルのメーカーが販売しにくくなるとか、小売価格がどの店でも変わらないなど、独占禁止法の問題を生じる〔24.1〕。また、流通機構が閉鎖的で外国の商品が日本の市場に入りにくいなど、貿易摩擦の一因として取り上げられたりする〔141.1〕。大規模小売業者が卸売業者やメーカーを再編することもある。

2　販売店・代理店のいろいろ 22.0

　流通経路に位置する企業は、問屋、代理店とか特約店など種々の名で呼ばれる。同じ呼び名の企業でも、商品が違うと別の働きをすることもある。流通業者がどういう役割を果たすかによって、契約の形や内容、商品所有権のありかなどが変わってくる。1つの企業が場合によって、あるいは扱う商品の種類によって、別の役割を果たすこともある。

1　卸売商 22.1

　俗に問屋（とんや）という。メーカーや発売元から大量に商品を仕入れ、小

売店に分売する。二次卸・三次卸の手を経て小売店に届く商品もある。〔メーカー→卸売商→小売店〕という最も単純な流通経路について考えよう。

　卸売商は自分が買主となってメーカーから商品を仕入れ、次は自分が売主となって小売店に商品を卸す。メーカーと卸売商との間、および卸売商と小売店との間に、それぞれ売買契約が結ばれ、その順序で商品の所有権が移る。売値と買値の差額(マージン)が卸売商の収入になる。売れ残った商品をメーカーに引き取ってもらえるか、小売店からの返品を受けるかどうかは、それぞれの契約でどう決めるかによる。特約か慣習がなければ、買切り・売切りが普通である。

2　代理店

　あるメーカーの製品をある地区で一手販売する特権を与えられた企業を、特約店とか代理店と呼ぶことがある。メーカーや小売店との取引が売買であれば、名称は代理店なり特約店であっても、その果たす役割は卸売商と変わらない。違うのは、その地域に同一商品を扱うライバル卸売商がいないことだけである。これに対し、代理店が法律的な意味でも代理の役割をする場合は、下記のように事情が違ってくる。

　代理店ユメ社がカメラメーカー・ウツツ社の製品をマボロシ社に販売する際に、代理人の働きをするとしよう。

　価格・数量・納入時期など取引の内容は、ユメ社とマボロシ社が交渉して決める。しかし、売買契約はウツツ社とマボロシ社の間に

成立する(民法99条)。ユメ社はウツツ社のカメラをマボロシ社に渡すのであり、所有権はウツツ社からマボロシ社に移る。代金の支払を受ける権利は売主ウツツ社にあり、ユメ社はウツツ社に代わってマボロシ社から受領するにすぎない。

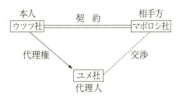

〔図22.2〕代理の法律関係

　ユメ社がウツツ社に専属する形で上の働きをするなら、法律はユメ社を代理商と呼ぶ(商法27条・会社法16条)。ユメ社はウツツ社から代理権を与えられて販売に当たるので、締約代理商という。買主マボロシ社が支払う代金はそのまま売主ウツツ社に入り、ユメ社は卸売商のように値ざやを稼ぐことができない。ユメ社の収入はウツツ社から支払われる手数料(コミッション)である。ユメ社がウツツ社製以外のカメラを扱うには、ウツツ社の許可を受けなければならない(商法28条・会社法17条)。

3　委託販売（問屋）

22.3

　ウツツ社がその製品の販売をユメ社に委託した場合も、代金はそのままウツツ社に入り、ユメ社はウツツ社から委託手数料(コミッション)の支払を受ける。しかし、ユメ社が形の上では売主になる。買主がマボロシ社だとすると、売買契約はユメ社とマボロシ社との間に成立し、委託者ウツツ社は表に出ない〔図22.3〕。
　このような委託を受けることを取次といい、受託者ユメ社を問屋と呼ぶ(商法551条)。

この場合、マボロシ社に対して商品引渡しの義務を負い、代金の支払請求権を持つのは、受託者ユメ社である（商法552条1項）。ユメ社が卸売商として取引する場合に似

〔図22.3〕委託販売の法律関係

るが、ユメ社は委託者ウツツ社の商品を引き渡し、ウツツ社のために代金を受け取る。商品の所有権は、ウツツ社からマボロシ社に直接移転する。売れ残った商品はウツツ社が引き取る。ウツツ社が販売価格を指定したとき、ユメ社はその指値を守らなければならず、それより安く売ると差額はユメ社の負担になる（商法554条）。

22.4　4　ブローカー（仲立）

ウツツ社がその製品の買手を探しているとき、買手を見付けウツツ社に引き合わせる仕事をユメ社に頼むことがある。売買の条件はユメ社がウツツ社と買手（マボロシ社）の間に入ってまとめるが、売買契約はウツツ社とマボロシ社との間で結ぶ。ユメ社がするこのような仕事を媒介といい、これを営業とするユメ社は仲立人と呼ばれる（商法543条）。俗にブローカーと呼んでいる（受託者である問屋をブローカーということもある）。仲立人ユメ社も値ざやを稼ぐのではなく、仲立料という報酬（コミッ

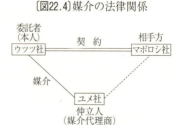

〔図22.4〕媒介の法律関係

ション）が収入になる。それはウツツ社とマボロシ社とから半々に取り立てる（商法550条2項）。

　仲立人は多くの人から頼まれて相手方を見付けてやる。これに対し、ユメ社がウツツ社の専属としてその仕事をすることがある（商法27条・会社法16条）。この場合のユメ社は、ウツツ社を代理する権限がないことを除くと、前記の代理商と同じであり（[22.2]では締約代理商といったが、ここでは媒介代理商という）、ウツツ社の許可がなければ他社の製品を扱ってはならない。

5　役割の使い分け　　　　　　　　　　　　　　　　　　　　22.5

　1つの企業が上記[22.1]〜[22.4]の役割を使い分けることがある。例えば、総合商社はこれらすべての機能を果たしている。百貨店は、小売店として仕入れた商品を売ると同時に、売場やショウケースを賃貸するほか、問屋として委託販売をすることもある。証券会社は、株式や債券を売買して値ざやを稼ぐだけでなく、顧客のために取次・媒介・代理もして手数料収入を挙げている。

3　企業と企業の間の売買

1　民法の定めと商事売買　　　　　　　　　　　　　　　　23.1

　売買については民法に詳しい定めがある（民法555条〜585条）。売買は契約の一種だから、契約一般に関する定め（民法521条〜548条）もかぶってくる。さらに、債権についての一般的な定め（民法399条

以下)や法律行為に関する規定(民法90条以下)も売買に適用される。

例えば、錯誤で物を買ったときその売買契約は無効であり、だまされて買えば詐欺を理由に取り消すことができる[注1]。商品の引渡しと代金の支払につき別々の時期を定めていなければ、お互いが引換えに給付し合う。商品の所有権がいつ買主に移るか、天災などで商品がダメになってしまったとき、売主・買主のどちらが危険を負担するかを契約で決めていなければ、引き渡す商品を特定する時を基準に、それより前なら売主の負担、後なら買主の負担になる[注2]。

こういう民法の規定は、当事者が企業でも一般市民でも適用される。企業が当事者であるとき、商法にいくつかの特則があることもすでに見た。そのほか売買については、売主・買主がともに企業(商人〔14.2〕)であるとき、若干の特則が用意されている。こういうのを商事売買という。これまでの例でウツツ社とマボロシ社との間、あるいはユメ社とマボロシ社との間の売買は、すべて商事売買である。

2　六日のあやめ・十日の菊

正月用品とか祭礼用の品などは、その時期が過ぎると売れない。このように、売買の性質とか当事者の意思表示によって、一定の日時なり期間内に履行されないと契約をした目的が達せられない場合に、履行がないままその時期を過ぎると、相手方が直ちに履行を請

注1　錯誤の場合も無効ではなく、取り消すことができる(民法新95条)。
注2　債権者の危険負担に関する規定は削除され(民法新534条)、売主が特定物を引き渡した時点で危険が移転する旨が定められた(民法新567条)。

求しない限り、契約は解除されたことになる(商法525条)。こういうのを確定期売買という。中元進物用のうちわとか、4月中旬に植え付けなければならない桑苗などの売買がこれに当たるとされた。

民法によると、この場合相手方は契約を解除できる(民法542条)[注3]。逆にいうと、解除しない限り売買契約は続く。履行期までに引き渡さなかった売主は、買主からいつまで引渡しを請求されるのか、いつ解除されるのか不安である(とくに価格の変動が激しい場合)。商法のルールなら、ともかく早く決着がつく。もちろん売主は不履行の責任を負う。

3 キズ物の取替え　　　　　　　　　　　　　　　　　　　　　23.3

買った商品に欠陥があれば、買主は完全な商品との取替えを請求するなり、契約を解除することができる。数量不足なら代金の減額を請求できる。どの場合も損害があれば賠償を請求できる。民法によると、買主が欠陥や数量不足を知らなかった(善意)なら、その事実を知った時から1年内に請求すればよい(民法570条→566条、565条→563条・564条)。売主はかなり長期間不安定な状態に置かれる[注4]。

企業間の売買では、買主は商品を受取るとすぐ検査し、欠陥や数

注3　民法新542条1項4号。
注4　売買の目的物が種類・品質・数量につき契約内容に適合しない場合、買主が追完や代金減額の請求権を持つなど、売主が担保責任を負うが、買主の責めに帰すべき事由による場合とか、不適合を知った買主が1年内に売主宛の通知をしなかった場合を除く(民法新561条～566条。引渡時に不適合を知り、または重過失で知らなかった売主の責任は、1年経過後も続く。566条)。

量不足を発見すればすぐ売主に通知しなければならない。これを怠ると上記のような請求ができなくなる。すぐには見つからない欠陥も、商品を受取ってから6か月以内に発見してすぐ通知しないことには、やはり請求が許されなくなる。もっとも、売主の方で欠陥や数量不足を知っていた(悪意)場合は、買主がそういう制約を受けることはない(商法526条)[注5]。企業はその道のプロだから、商品を受取ってすぐ検査する義務を負ってよく、売主も迅速な対応ができて全体がうまく収まる。

23.4　4　約束が第一

　企業間の売買については、上記のほか若干の特則がある(商法524条・527条・528条)。いずれにしても、売買に関する民法や商法の定めは任意規定であり、当事者がこれと違った約束をすればその方が優先する。業界の慣習も尊重される。

4　価格の決定

24.1　1　再販制度

　メーカーや発売元が定価を決め、小売店にそれを守らせることがある。〔メーカー→卸売商→小売店〕の順で商品が流れる場合を考え

注5　売買目的物の「瑕疵」という語を使わず、民法と同じく種類・品質・数量の不適合を掲げるが、規定の内容は変わらない(民法改正整備法3条、商法新526条2項3項)。

よう。メーカーが卸売商の卸値を決めたり、卸売商が小売店の小売価格を決めたりするように、取引相手方に転売価格を指示することを再販売価格維持(略して再販)という。メーカーから見て小売店は相手方の相手方だから、その転売価格を指示するのは再々販であるが、これも含めて再販という。

　再販が行われるのは、名の通ったブランド商品のことが多い。ブランド商品は値引き分がよくわかるので、量販店などが囮(おとり)商品として客寄せによく利用し、メーカーとしては安売りによって高級品のイメージが損なわれるのを防ぎたいからである。それに、量販店なら客を寄せて他の商品をたくさん買わせるので、囮の品は採算を無視して安くできるが、それができない一般の小売店は、対抗して値下げするにも限度があり、安売りをやめさせてほしいとメーカーに泣きつく。メーカーは、製品に秘密の番号を付けておき、係員が廉売店で客にまじって買上げるなどして仕入ルートをつかみ、安売りをやめなければ出荷停止などの措置をとる。

　再販によって小売価格が一律になっていると、どこで買っても同じなので、消費者が安心できる面もある。反面、販売店が価格競争をしないため、どこへ行っても安く買えない。販売店は、合理化を進めて価格を引き下げる努力をしなくなる。メーカーは、他のメーカーとの競争はあるにしても、一度ブランド・イメージを確立してしまえば望む価格で売れるから、合理化よりは広告宣伝に資金を注ぐことになる。何よりも、自分が売る商品の価格は自分の責任で決めるのが市場経済の原則だろう。再販は販売店の自主的な価格決定を妨げる。

　独占禁止法は再販を原則として禁止する(独占禁止法2条9項4

号・19条)。同時に、ブランド商品などについては、公正取引委員会が指定した商品につき、再販をしてよいと定めており(独占禁止法23条1項・2項)、以前はかなりの商品が指定されていたが、最近は再販の指定をしなくなった。これとは別に、新聞・書籍などの著作物については、指定がなくても再販が認められている(同条4項)。これもなくすのが筋であるが、新聞・出版界は、文化の質を維持するために再販制度が必要だとして、その廃止に反対している。CDなど新しいメディアが普及し、著作物の定義もゆらいできた。

2 不当廉売

　自分が売る商品の価格は自分の責任で決めるのが市場経済の原則だといった。それによると、需要が供給を上回る限り、どんどん値上がりするのが自然だろう。しかし、品不足につけこんで法外な高値をつけることは、企業倫理に反すると非難される。

　では安売りはどうか。あくどい儲けをするのと違い、損をしても痛むのは自分の腹であり、消費者は喜んでくれる。その限りでは問題はなさそうだが、困ることもある。例えば、スーパーが牛乳を原価より大幅に安く売り続け、客寄せに利用するのは違法だとされた(独占禁止法2条9項3号・19条、不公正な取引方法〔昭和57公取委告示15〕6項)。近隣の牛乳屋さんが立ち行かなくなってしまうからである。

　大手のパンメーカーが、新たに進出する地域で極端な安値販売を続けた。その地域にあった街のパン屋さんはみな、対抗しきれずに潰れてしまった。ライバルを一掃した後、大手メーカーはその地域

でも高い価格でパンを販売するようになった。これはアメリカで問題になった例である。日本でも、地域や相手によって価格に不当な差別をつけることは違法である(独占禁止法2条9項2号・19条、不公正な取引方法3項)。

第3章 金の流れと決済

1 物の流れと金の流れ

31.1　1　資金の移動

　現金輸送車が襲撃される事件は、外国だけでなく日本でも何度かあった。それぞれ必要があって現金を運ぶのだろうが、できれば代わりの手段を使う方が安全のため望ましい。コンピュータや通信手段が発達するにつれ、資金の移動にも早くて簡便な方法が開発されている。

　借入れとその返済、預金とその払戻しなどは、カネそのものの取引である。両替もそうだろう。しかし、多くの場合は商品やサービスの取引に伴って資金が移動する。両者の流れは逆の方向に動く。

　売買があると売主は商品を引き渡し、買主は代金を支払う。売主と買主が離れた場所にいれば、商品について運送が行われ、売買代金はこれと逆方向に流れる。買主からすれば送金であり、売主からすれば取立て(入金)である。支払にあてる資金を借入れたり、回収した資金を一時預けたりするように、借入れや預金などの金融取引も、背後に商品やサービスの取引があることが多い。

2　送金・振込みと取立て

　給料袋が消え、給与の銀行振込みが普及している。電気・水道・ガスの料金などは預金から自動引落しされる。税金の取立てにも、この方法がある。

　田中さんが山田さんに100万円支払う必要があるとき、振込みの方法がよく用いられる〔図31.2〕。

　田中さんはマネー銀行に対し、オアシ銀行にある山田さんの預金口座に100万円振り込むように依頼する。マネー銀行はこのことをオンラインでオアシ銀行に通知し、オアシ銀行は山田さんの預金口座に100万

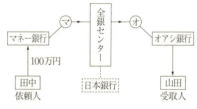

〔図31.2〕全銀システムによる振込み

(注)マオは各銀行の計算センター

円の入金を記帳する。山田さんはオアシ銀行からそれを引き出すことができる。

　マネー銀行はオアシ銀行に100万円の債務を負うことになるが、そのつど支払う必要はない。両行間には同じような取引が日々数多く行われ、上例と逆方向のもの(オアシ銀行がマネー銀行に債務を負うことになる取引)もあるから、その日の帳尻だけを、日本銀行にあるマネー銀行の口座とオアシ銀行の口座の間で付け替える方法で決済する。全国約1,300の金融機関がこの全銀システム(全国銀行データ通信システム)によって結ばれている。送金を受ける山田さんもマネー銀行に預金口座を持っていれば、マネー銀行本支店間だけで処

理できるから、もっと簡単である。

　山田さんが田中さんから100万円送金したとの通知を受け、その通知書を持ってオアシ銀行へ出向いたところ、何かの手違いで山田さんの口座に入金されていなかったとする。判例によると、田中さんとマネー銀行の間になされた契約に基づいて、オアシ銀行はマネー銀行の計算で山田さんに100万円を支払う権限を与えられるだけで、支払をする義務を負うものではない。つまり、山田さんにはオアシ銀行に対し支払を請求する権利はない(最判昭和43年12月5日民集22巻13号2876頁)。

　田中さんが山田さんに送金するには、このほか、田中さんがマネー銀行に100万円を支払って、マネー銀行名義の小切手を振り出してもらい、その送付を受けた山田さんがオアシ銀行で現金に換える方法もある。また、山田さんの方から代金の取立てをオアシ銀行に依頼し、マネー銀行を経由して田中さんの振り出した手形を取り立ててもらうとか、マネー銀行にある田中さんの預金口座から100万円を引き落して、オアシ銀行の山田さんの口座に入金してもらう方法などもある。

　以上のような資金移動の取引を為替(かわせ)取引といい、銀行の基本的な業務の1つである。

3　クレジットカード

　クレジットカードを使って買物をしたときのカネの流れを見よう〔図31.3〕。

　田中さんがカルテ社発行のカードを使ってハイカラ商店で10万

円のスーツを買った。ハイカラ商店は田中さんの署名した売上票をカルテ社に送る。カルテ社は、10万円から手数料を引いた金額を、オアシ銀行にあるハイカラ商店の預金口座に

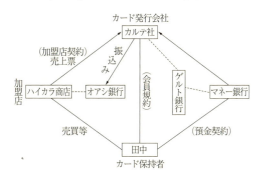

〔図31.3〕クレジットカードの仕組み

振り込む。田中さんが今月カルテ社カードで他に買物をしていなければ、カルテ社は田中さんの今月分利用代金10万円について田中さんに請求書を送り、マネー銀行にある田中さんの預金口座から10万円を引き落し、ゲルト銀行のカルテ社口座に入金させる。

　ハイカラ商店は田中さんに対する10万円の代金債権をカルテ社に譲渡する。田中さんは、カルテ社との会員規約（約款）によって、この譲渡をあらかじめ承諾している（民法468条参照）。田中さんの預金残高が10万円に足りないと、遅延損害金を支払うことも同じ会員規約で約束している。スーツがきず物であっても、田中さんは代金の支払を拒めない。代金先払いで、ハイカラ商店がスーツを引き渡さないまま倒産しても、田中さんの口座から10万円は無情に引き落される。

　田中さんがカードを紛失したときは、すぐカルテ社に届け出る。カルテ社は全加盟店に通告する。誰かがこのカードを不正に使ってハイカラ商店で買物をした。ハイカラ商店が無効通告を受けた後で

1　物の流れと金の流れ　27

あれば、カルテ社はハイカラ商店に支払をしない。カルテ社が田中さんから届出を受けそれを加盟店に通告するのに相当な期間が経つ前なら、不正使用分も田中さんの口座から引き落される。カルテ社との契約で田中さんが保険に入っていれば、損害は填補されるが、保険金を超える分はやはり田中さんの負担になる。

4　プリペイドカードとデビットカード

　テレフォンカード、ハイウェイカード、オレンジカードその他、多種多様のプリペイドカードが発行されてきた。カードに記された金額の範囲内で、物を買うとかサービスの提供を受けることができる。現金を持ち歩かなくてすむ点はクレジットカードと共通するが、利用者はまとまった金額を先払いしてカードを手に入れなければならない。

　プリペイドカードには、それを発行する企業との取引だけに利用できるもの(自家発行型)と、発行者とは別の企業との取引に利用できるもの(第三者発行型)とがある。いずれにしても、利用者は先に出費しているのだから、カードの発行者や提携企業が倒産などして、物が買えないとかサービスの提供を受けられなくなっては困る。そういう事態になるのを防ぐため、金融庁が監督をしている。自家発行型のカード発行者には、発行残高が一定額を超えると届出をさせ、第三者発行型のカードは登録を受けた企業だけに発行を許す。どちらについても、カード発行残高の一定割合の金額を供託させるなどの措置をとる(資金決済に関する法律〔平成21法59〕)。

　デビットカードは、銀行のキャッシュカードをそのまま買物の代

2　銀行取引と手形・小切手

1　当座預金

銀行の預金には普通預金のほか、定期預金・貯蓄預金・通知預金・納税準備預金・別段預金・譲渡性預金など、いろいろのものがある。余裕金の利殖運用とか不時の入用に備えるなど、それぞれ違った目的に利用される。ここでは、銀行を金庫ないし出納係として利用する当座預金について見る。

ハイカラ商店がオアシ銀行から事業資金を借り入れると、オアシ銀行は同行にあるハイカラ商店の当座預金口座にいったん入金する。オアシ銀行はハイカラ商店との支払委託契約により、ハイカラ商店の支払うべき手形・小切手をこの当座預金から支払うことを、ハイカラ商店に約束する(証券の所持人に対して義務を負うのではない)。銀行はこの支払事務をすることについて手数料をとらない代わり、当座預金には利息を付けない。

ハイカラ商店宛の振込みも、ハイカラ商店がオアシ銀行に取立てを依頼した代金も、この当座預金に入金される。ハイカラ商店が預金残高を超えて手形・小切手を振り出すと過振りになり、オアシ銀行は不渡りにしてもよいが、ハイカラ商店が不足分をすぐ払うと思えばそういう手形類も支払う。ハイカラ商店の預金残高が100万円しかなくても、オアシ銀行との間で300万円を限度に当座貸越契約を結んでいれば、ハイカラ商店の振り出す手形類の合計が400万円

を超えるときはじめて過振りになる。

32.2　2　手形貸付

　ハイカラ商店が9月1日にオアシ銀行から、11月末に返済する約束で2,000万円を借り入れ、3か月間の利息が25万円だとする。オアシ銀行は金銭消費貸借証書の代わりに(場合によってはそれとともに)、振出人ハイカラ商店、金額2,000万円、支払期日11月30日の約束手形を差入れさせることがある。これを手形貸付という。オアシ銀行は2,000万円をハイカラ商店の当座預金に入金し、同時に利息25万円をそこから引き落す(天引き)。銀行としては手形を取っておく方が、債権回収の手続が簡単な上、印紙税をハイカラ商店に負担させることができる。

32.3　3　手形割引

　ハイカラ商店がスーツ1,000着をバゲン百貨店に納入し、金額8,000万円、支払期日10月31日のバゲン百貨店振出しの約束手形を受け取ったとしよう。ハイカラ商店はこの手形を満期まで持っていて現金に換えてもよいが、資金を早く回収したいなら、手形に裏書きしオアシ銀行に持ち込んで割り引いてもらう。ハイカラ商店が振り出しバゲン百貨店が引き受けた為替手形を持ち込んでもよい。その日が5月1日だとすると、オアシ銀行は6か月分の利息200万円を差し引き、7,800万円をハイカラ商店の預金口座に入金する。この手形割引も銀行の基本業務の1つである。

オアシ銀行はこの手形に裏書きをし、他の銀行なり日本銀行で再割引を受け、銀行間金利との利ざやを稼ぐこともできる。

3 手形などの決済

1 手形交換

33.1

銀行には手形や小切手が日々たくさん集まる。オアシ銀行がハイカラ商店に手形貸付をしたときの手形は、オアシ銀行が支払場所になっているから店内で処理できるが、手形割引をした手形や取立てを委任された手形・小切手には、支払人とか支払場所が他の銀行になっているものが多い。

マネー銀行に集った手形・小切手の支払人・支払場所がオアシ銀行その他多くの銀行であるのと同様、これら多くの銀行から、マネー銀行が支払人・支払場所となった手形・小切手の支払が同行に求められる。それぞれの銀行間で個別に決済するのは煩雑である。

同じ地域の銀行が毎日決った時間に1か所に集まり、互いに自分が支払人・支払場所になっているものを交換することにすれば、運ぶのは1回ですみ、用意する資金も持出し分と持帰り分の差額だけですむ。これが手形交換所であり、日本全国に多数存在し、各地区の銀行協会が運営している。そこに持ち込まれた手形類は銀行ごとに振り分け、持出し分と持帰り分との帳尻は、日本銀行などに各銀行が持つ口座の付替えで決済する。

これは便利な仕組みであるが、手形を持ち運び、券面を見て振り分ける作業に、手間と危険が伴う。手形類を動かさずに、そこに記

載されたデータだけを送り、電子システムで決済する国もある。日本はその段階を飛び越え、紙の手形や小切手をなくしてしまう方向をとる(後述〔103.3〕)。

2 不渡(ふわたり)手形

　手形交換の結果、自分が支払人か支払場所となっている手形類を持ち帰った銀行は、支払をしてよいものかどうか点検する。支払うべきでないものを発見すれば、それを手形交換に持ち出した銀行に返還する。次のような場合である。

　①小切手や約束手形の振出人(為替手形の引受人も同じ)の当座預金残高が足りないとか、支払銀行との間に当座勘定取引がない場合。②売主が品物を渡さないとか、偽造の手形、盗まれた手形など、手形債務者が支払わなくてよいはずの場合。③手形の方式が不備だとか、満期がまだ到来していないなどの場合。上記①の場合、そういう手形類を出すことはもってのほかだから、手形交換所は手形債務者(例えばハイカラ商店)を直ちに不渡処分にする。上記②の場合は、異議が認められなかったときに不渡処分がなされる。ハイカラ商店について6か月内に2度目の不渡届が出されると、ハイカラ商店は銀行取引停止処分を受ける。交換所のメンバー金融機関全部が、2年間はハイカラ商店と当座勘定取引だけでなく貸出取引もしないので、企業にとっては致命的である。

第4章　企業の組織

1　企業の活動を支える人たち

1　取引をする権限 　　　　　　　　　　　　　　　　　　　　41.1

　企業には多くの人たちが働いている。物を作る人たち、それを販売する人、修理などアフターケアに従事する人、あるいは研究に専念する人たちもいる。それぞれが各自の部署で企業の活動を支えている。ここでは、企業のため外部との取引に従事する人たちについて見よう。

　田中さんは、ユメ株式会社が建設予定のリゾートマンションを購入しようとしている。ユメ社の者だといって現れた人を内裏氏としよう。田中さんが内裏氏と交渉した取引がユメ社との間に成立し、田中さんとユメ社の間に契約上の権利義務が発生するためには、内裏氏がその取引をする権限を持ち、その権限の範囲内で、ユメ社のためにその取引をしたことが必要である。そうでないと、ユメ社はその取引と無関係だと言うだろう。内裏氏が田中さんから受け取った契約金を持逃げしたような場合、内裏氏に権限がなくてもユメ社が責任を負うこともありうるが、後に見るように、田中さんの側で厄介な証明をしなければならない。取引の前に内裏氏の権限を確か

めておく方が賢明である。

　内裏氏がユメ社の役員や従業員でも、必ず取引の権限を持つとは限らない。逆に内裏氏がユメ社外の人でも、ユメ社から代理権を与えられていれば、田中さんとの取引がユメ社との取引になる場合がある。

2　店員とセールス

　商品を販売する店で働く店員は、その店にある商品を販売する権限を持つものとみなされる（商法26条・会社法15条）。営業主があとから、あの店員は宣伝担当で販売の権限はないから、売買はなかったことにしてほしいとは言えない（店員が無権限なことを相手方が知っていた場合は別）。

　ユメ社は店に商品を並べて売るわけではないから、上の規定は適用されない。だからといって、その従業員が無権限だとはいえない。銀行の窓口にいる行員や切符売場の駅員は、それぞれの業務に必要な権限を与えられている。稀に与えていない場合があったとしても、そのような部署で働かせている事実から、権限を与えたと見られることが多いだろう（表見代理。民法109条など）。

　証券会社や商品先物取引会社の外務員は、会社の営業取引について権限があると見てしまい、権限のないことを顧客が知っていたのでない限り、会社が責任を負うことになっている（金融商品取引法64条の3、商品先物取引法202条）。

3　支店長・部長・課長など

　多くの企業は従業員に職制を敷き、勤続年数や能力に応じて昇進させるようにしている。ポストの名称は企業によってさまざまだが、係長・課長・部長という呼び名が最も多い。支店にも同じようなポストがあり、それが本店でどの位置付けになるかは、支店の規模とか格によって決まる。いずれにしても、上の地位になるほど権限は大きく責任は重い。世間一般がそうだとすれば、地位に伴う権限を持たない人がいた場合にも、相手方の信頼を保護して取引の安全を図る必要がある。

　営業部長、販売課長、仕入係長、経理主任などの肩書を持つ従業員は、販売とか仕入れといった特定事項の範囲で、その企業のために取引をする権限を与えられている。法律はこれらの人たちが、その特定事項に関する限り一切のことができる権限を持つとみなし、それを削る企業があったとしても、制限を知らずに取引した人に対しては、部課長等が無権限だったとは言わせない(商法25条・会社法14条)。

　支店長などの場合はもっと徹底し、二段構えで相手方の保護を図る。ポストの名はどうあれ、本店または支店の事業全体について権限を与えられた人を支配人と呼び、そういう人の権限を削っても、制限を知らずに取引した相手方との関係では、制限はなかったものと扱われる(商法21条・会社法11条)。次に、そんな広い権限は与えられていない、したがって支配人ではない従業員であっても、支店長・支社長・営業所長など、本店なり支店の事業の主任者であるかのような肩書を付けた場合は、広い権限を持つ人だろうと思って取

引をした人たちに対し、企業は支配人が取引した場合と同じ責任を負う（商法24条・会社法13条。表見支配人）。

ただ、生命保険会社の支社は、保険の募集など機械的な事務だけをするところが多いため、その支社長が勝手に取引をしても、会社は責任を負わないとされた（最判昭和37年5月1日民集16巻5号1031頁）。

41.4　4　社長・専務などと代表取締役

小さい株式会社などには取締役会のないものがあり、そこではどの取締役にも会社のために取引をする権限があると考えて、ほぼ間違いない（会社法349条1項〜3項）。これに対し、取締役会のある会社には取締役が必ず3名以上いるが、会社の名で取引をする権限を持つのは、そのうち代表取締役だけである。その他の取締役は、部長などを兼務しているとその地位に基づいて上記のような代理権を持つが、取締役というだけでは取引をする権限はない。取締役会のある会社であることや、代表取締役の住所・氏名は登記されている（会社法911条3項14号15号）。「取締役会のある会社」といったが、設置を義務付けられた会社（公開会社など。会社法327条1項）は、取締役会がなくてもこれに含まれ、法律は取締役会設置会社と呼ぶ（会社法2条7号）。

会長・社長・副社長・専務・常務など、役付の取締役を置く会社が多い。これは取締役の序列であって、代表取締役とは別であり、登記する方法もない。建前はそうでも、役付の取締役には代表権を持つ人が多いから、役付には代表権があると世間が思うのも無理は

ない。その信頼を保護するため、たまたま代表権のない役付取締役がいた場合も、無権限だとは知らずに取引した相手方に対し、会社は責任を免れることはできない(会社法354条。表見代表取締役)。取締役が勝手に専務を名乗り、会社がそれを知りながら放置した場合、あるいは取締役でもない者に常務の肩書を付けた場合にも、同じ扱いになる。

代表取締役の権限はきわめて広い。会社の営業について一切の行為をすることができる。商品の種類、取引の金額や営業の地域などによって制限を加えても、その制限を知らずに取引した相手方との関係では、制限がないのと同じ扱いになる(会社法349条4項5項)。

5 執行役と代表執行役

41.5

指名委員会等設置会社という株式会社には取締役会があり、取締役も3名以上いるが、このタイプの会社で取引の権限を持つのは執行役である(会社法2条12号・327条1項4号・331条4項・418条)。執行役を選任するのは取締役会であり、複数の執行役を選任するときは、取締役会が代表執行役を決める。執行役が1名だけの会社では、その人が当然に代表執行役になる(会社法420条1項)。指名委員会等設置会社であることや、執行役・代表執行役が誰かは、商業登記簿を見ればわかる(会社法911条3項23号)。

代表執行役には、会社の事業について一切の行為をする広い権限がある。会社がそれを制限しても、制限を知らずに取引をした相手方には通用しない(会社法420条3項→349条4項5項)。社長・副社長などの肩書を持った人が実は代表執行役でなかった場合も、そのこ

1 企業の活動を支える人たち 37

とを知らない取引相手方は、会社に履行を求めることができる(表見代表執行役。会社法421条)。

2　企業運営の仕組み

42.1　1　会社の機関

　会社は法人で目に見えない存在である(会社法3条)。五体を備えていないから、意思決定その他の活動は誰か人間がしなければならない。法律が会社の活動と見る働きをする人やその集まりを会社の機関という。取締役会・委員会や株主総会は合議制の機関であるが、代表取締役・執行役は1人で決めて実行できる。

　代表取締役は取締役の中から選び、取締役会設置会社では取締役会が決める(会社法349条3項・362条3項)。社長その他の役付取締役〔41.4〕を選ぶのも取締役会である。取締役会はその人たちを解職することもできる。取締役会のメンバー、つまり取締役を選んだり交替させたりするのは株主総会である(会社法329条1項)。したがって、社長など経営陣は株主の意思に基づいて選ばれていることになる。

　取締役たちがその職務を適正に行っているかどうか、チェックする役割を担うのが監査役である。3名以上の監査役が監査役会を作る会社もある〔43.4〕。このほか会社によっては会計監査人を置かなければならないが、これは公認会計士などの資格を持つ会計の専門家である。税理士などを会計参与にして計算書類を作らせれば、会計監査人を置かなくてよい場合もある。監査役・会計監査人・会

計参与もやはり株主総会が選ぶ(会社法329条1項)。

2 株主の役割 42.2

　企業が現実に動く姿を見ると、社長を頂点とする経営陣の指揮のもとに、大勢の従業員が企業を動かしている。株主は資金の提供者、外部の人と見られる。大部分の従業員はほとんど一生を企業に捧げるのに対し、株主は株価と配当に関心を持つだけで、気に入らなければ株式を売って企業から離れる。そういう株主が企業のトップを選び、従業員の意思が反映されない現行制度に批判が向けられる。

　しかし、こういう制度は現代社会の所有構造に根差している。私的所有を認める社会では、所有者が管理と処分の権限を持つことが大前提である。株式会社のような法人の場合、会社財産の所有者は会社であるが、モトデの出資によって出来た財産だから、実質的には株主のものである。株主は数が多く、頻繁に集まることは難しいので、代わりに適任者を選んで管理を委ねる。委ねられるのが取締役会・代表取締役・執行役であり、お目付けの役を担うのが監査役などである。

　株式会社はこういう考えに基づいて出来ているから、経営陣を選ぶことは株主の基本的な権利である。大株主が変れば経営陣が交替させられることがあるのもその現れである。

　建前はそうであっても、大企業ではその通りに動かないことが多い。大勢の株主は僅かな株式しか持たず、経営への関心が低い上、たいていは経営の知識にも乏しいので、トップを全面的に信頼する

ほかない(経営者支配)。トップの後継人事も、現経営陣の推す候補者が選任されるのが通例である。

　株式会社が株主のものだという考えを修正した国もある。株主と対等に近い発言権を従業員に与えるとか(ドイツの共同決定法)、資本と並べて労働も出資と見て株式に表す試みもある。企業の国有化は、その限りで私有財産制度を否定するものであるが、最近は民営化によって元に戻す国も多い。

42.3　3　指名委員会等設置会社と監査等委員会設置会社

　指名委員会等設置会社には監査役がなく、監査委員会が取締役と執行役を監視する(会社法327条4項・404条2項)。取締役の候補者を決める指名委員会と、取締役・執行役の報酬を決める報酬委員会も必要である(だから「指名委員会等設置会社」という。会社法2条12号・404条1項3項)。どの委員会も、取締役会が選ぶ3名以上の取締役がメンバーであり、その過半数は社外取締役でなければならない(会社法400条)。とくに監査委員の独立性が強く、執行役を兼務できない。

　社長など経営陣に対する監督を強化するため、米欧にならって平成14年改正法がこの設置形態を規定した(当時は「委員会設置会社」と呼んだ)。執行役に広く業務を委ねてよい点(会社法416条4項)は好まれたが、3委員会の併置強制は重荷だと敬遠され、大会社でも採用するものは僅かにとどまる。

　平成26年改正法は「監査等委員会設置会社」という名の中間形態を設けた。執行役ではなく代表取締役が経営陣の中心であるが、取

締役会はこれに広範囲の業務を委ねることができる(会社法399条の13第5項)。監査役は存在せず、取締役会内の監査等委員会が監査だけでなく監督の役目を期待される(会社法327条4項・399の2以下。監督も担うので「監査等委員会」と呼ぶ)。この形態をとる会社は増えている。

4　社外取締役と社外監査役

監査等委員会、および指名・監査・報酬の各委員会は、いずれも3名以上の取締役で構成し、それぞれ過半数が社外取締役でなければならない(会社法331条6項・400条1項3項)。社外取締役の定義はかなり複雑である(会社法2条15号)。基本は、その会社や子会社の代表取締役など業務執行取締役とか執行役・従業員ではなく、過去10年内にその地位についてもいないことが要件である。経営陣の独走を防ぎ、公正な立場で直言できる人材の確保を狙う。

監査役設置会社など一般の株式会社は、社外取締役を選任する義務までは負わない。しかし、大規模な公開会社にはその設置が望ましいというので、社外取締役を置いていない場合には、置くことが相当でない理由の説明を求められる(会社法327条の2、会社法施行規則74条の2・124条2項3号)。東京証券取引所は、コーポレートガバナンス・コードという規則で、上場会社に対し、社外取締役でしかも独立性のある者(したがって取引先などは排除)を、2名以上選任するよう要請している。

監査役はもともと監査を受ける者から独立していなければならない(会社法335条2項)。社外監査役の考え(会社法2条16号・335条2

項)も、取締役の場合より早くから制度化されていた。

3　企業の形態

1　個人企業

　これまでは株式会社ばかりを見てきた。確かに重要な企業はたいてい株式会社であるが、世の中にはそれ以外のものもたくさんあるので、それらを簡単に見てみよう。

　私企業の最も単純な形は個人企業である。営業主は事業上の決定をすべて1人で行い、利益はすべて自分の手にできる代わり、損失もすべて1人でかぶる。営業用財産を区別していても、家計用と合わせた全体で債務弁済の責任を負う。従業員を雇ったり資金を借り入れたりして、事業規模を拡大できるが、個人の信用には限界があり、人間の寿命も有限である。

2　共同企業

　複数の人間がいっしょに事業をすれば、資金と労力を結集できるほか、失敗したときも損失を分かち合うことができる。

　共同企業の簡単な形は組合である(民法667条以下)。これは契約の一種であり、2名以上の人が出資をし、共同の事業をすることに合意すれば、組合という名称を使っていなくても成立する。組合の債務については、各組合員が自分の個人財産で弁済する責任を負うので、出資は労務や信用でもできる。

匿名組合も契約の一種であるが、民法上の組合とは全然違う。事業の才覚はあるが資金のない生馬さん(営業者)と、資金はあるが自分では事業をやりたくない、とくに名前を表に出したくない蔵持さん(匿名組合員)とが結びつき、出資と利益分配について合意すると、そこに匿名組合ができる(商法535条以下)。出資者相互のつながりや組合財産はなく、事業は生馬さんのものであり、蔵持さんの出資も生馬さんの財産になってしまう。契約が終了すれば出資は返還されるが、損失によって出資が減少するとかなくなってしまうこともある。

　農協とか生協など協同組合は、組合の文字を使っているが、それ自体が独立の法人であり、理事・監事・総会(総代会)などの機関を備え、団体としての実質を持つ。経済力の弱い者が結束して、相互扶助と地位の向上を図るための組織である。信用金庫や労働金庫とか、生命保険に多い相互会社も、協同組合と同じ性格の団体である。

3　会　社

43.3

　共同企業で一番よく見られるのは会社である。会社には株式会社のほか合名会社・合資会社・合同会社があり、後三者をまとめて持分会社という(会社法2条1号・575条1項)。前記の相互会社はここにいう会社ではない。なお、法律用語では法人の構成員(出資者)のことを社員と呼び、株式会社では株主がこれに当たる。

　合名会社は、民法上の組合をただ法人にしただけのような会社である。イニシエ合名会社に生馬・蔵持2名の社員がいるとしよう。

イニシエ社がマネー銀行に対し1,000万円の債務を負っていると、債権者マネー銀行は生馬・蔵持のどちらに対しても、1,000万円全額の支払を請求できる(会社法576条2項・580条1項)。社員の全員がこういう大きな責任を負うから、経営を人まかせにはできず、原則として全社員が業務を執行し会社を代表する権限を持つ(会社法590条・599条)。また、誰とでも組むわけにはいかず、持分(株式に相当)を譲渡するには他の全社員の同意が要る(会社法585条1項)。その反面、金銭その他の財産のほか、労務や信用の出資もできる(会社法576条1項6号)。

合資会社には2種類の社員がいる。一方は無限責任社員であり、合名会社の社員と同じ責任を負う。他方は有限責任社員であり、定款に記載し登記した出資の額までしか責任を負わない(会社法576条3項・580条2項)。有限責任社員の出資は金銭その他の財産に限られる(会社法576条1項6号)。

合同会社は2005(平成17)年制定の会社法が創設した会社形態である。有限責任社員だけで構成するから、会社債権者が頼りにできるのは会社財産に限られ、それを維持するため株式会社に近い規制も受ける(会社法576条4項・625条以下)。内部の組織は合名会社なみに柔軟である。

会社法の制定前には有限会社という形態があった。社員は株主と同じように、引き受けた出資を履行する義務を負うだけの有限責任であるが、社員の数が最大50名に抑えられ、外部の人に持分を譲渡するには社員総会の承認が必要とされた。会社内部の問題については広く自治が認められ、取締役は1名あれば足り、取締役会はなくてよいとともに、監査役を置くかどうかも任意であった。数の

上では株式会社を上回るほどよく利用されていたが、2005年会社法は有限会社制度を廃止し、株式会社の中に統合してしまった。

既存の有限会社は会社法の施行と同時に株式会社となったが、商号には有限会社の文字を使わなければならず、多くの点で従来通りの扱いを受ける(会社法の施行に伴う関係法律の整備等に関する法律〔平成17法87〕2条・3条・5条)。これを特例有限会社と呼ぶが、定款を変更して株式会社の文字を含む商号に変え、必要な登記をすれば、正真正銘の株式会社に変身することができる(同法45条)。

4　株式会社 43.4

広い範囲の人から資金を集め、大規模な事業に向くように出来ているのが株式会社である。一番の特色は、会社の債務について株主が責任を負わないことである(株主有限責任の原則。会社法104条)。事業が失敗しても株式が無価値になるだけで、危険の最大限が予測できるから、安心して投資できる。会社の債権者は株主の個人財産をあてにできないので、会社財産の確保がきわめて重要である。

一口に株式会社といっても、国家を凌ぐほどの巨大企業もあれば、家族ぐるみの零細企業もあり、規制のルールも全部一律というわけにはいかない。会社法は以前の有限会社を株式会社に統合し〔43.3〕、株式会社でも最も単純なものは株主総会と取締役さえあれば、取締役会や監査役などはなくてよいことにした(会社法326条)。こういう会社の株主総会は何でも決議することができるのに対し、取締役会設置会社の株主総会が決議できるのは、会社法が定める事項と定款で追加した事項に限られる(会社法295条)。

取締役会設置会社というのは、公開会社のように取締役会の設置を義務付けられた会社、および義務はないが任意に設けた会社を指す(会社法2条7号・327条1項)。公開会社の定義も日常語とは違うので注意が必要である。会社の承認なしに譲渡してよい株式を少しでも発行できるのが公開会社であり(会社法2条5号)、まだ発行してなくてもそういう種類の株式が定款に定めてあるだけでこれに該当する。投資のリスクが不特定の人に広がる可能性のある会社には、それなりに厳しいルールを守らせなければならない。会社法は資本金の最低限度を定めないので、資本金は1円でも株式会社を作ることができる。大企業は倒産すると社会に甚大な迷惑を及ぼすし、厳しいルールを守るコストを負担する資力もある。資本金が5億円以上であるか負債総額が200億円以上の株式会社は大会社とされ(会社法2条6号)、職業専門家である会計監査人の監査を受けるとか、多くの会計情報を公表するなどの義務を負う(会社法328条・440条1項)。

　大会社でかつ公開会社でもある会社は監査役会も置かなければならず、監査役は3名以上、しかも半数以上が社外監査役であることが必要である(会社法2条16号・328条・335条3項)。大会社でも指名委員会等設置会社と監査等委員会設置会社には監査役がない〔42.3〕。

第5章　企業のグループ

1　企業の結び付き

1　契約による結合　　　　　　　　　　　　　　　　　　　　　51.1

　これまでは孤立した企業を主に考えてきた。しかし、企業は何らかの形で他の企業と結び付いていることが多い(企業結合)。

　取引をベースにしたつながりは契約の形とる。密接な関係を永続きさせようとするときは、提携と呼んだりする(業務提携、事業提携、技術提携など)。契約関係は横のつながりを作ることが多いが、企業の力関係によっては、大メーカーが販売店網を作る流通系列化のように、縦のつながりを築くこともある。

　下請関係も契約による縦のつながりであり、生産系列といわれる。部品などを発注する大メーカーを親企業と呼ぶことがある。不況になると親企業が支払を遅らせるとか、製品の引取りを拒むなど、中小企業の多い下請にしわ寄せされることがよくある。弱い者いじめにならないよう、公正取引委員会〔124.1〕が監視の目を光らせている(下請代金支払遅延等防止法)。

　カルテルは契約による横のつながりである。ライバル同士のはずの同業者が、価格の引上げや値下げ防止、あるいは互いの縄張りを

荒らさないことなどを協定するのがカルテルである。これについては後で述べる〔121.1〕。

51.2　2　横のつながりと縦のつながり

つながりが縦だの横だといっても、その意味は一様ではない。①原材料→製品→販売という物の流れの方向に着目し、上流・下流の企業が結び付くのを縦、同業者が結び付くのを横と見る(垂直的結合・水平的結合。会社の合併についてもこの区別をする)。②結び付いた企業の間に支配・従属あるいは指揮命令の関係があれば縦、それがなくどの企業も対等の立場なら横と見る。独占禁止法のように経済全体への影響を問題にする場合は、どちらかといえば①の観点を重視する。会社法のように株主や債権者の利益を考えるときには、小さい規模の結び付きであっても②の観点が重要である。もっとも、先に挙げた例の多くでは①と②が重なっている。また、経済の構造や企業の力関係は動くから、縦とか横とかいっても相対的なものにすぎない。

51.3　3　株式の所有

企業が結び付く糸の役目をするものには、契約のほかに株式の所有関係があり、むしろこの方が基本だといえる(資本参加、資本提携)。バク社がユメ社株を相当数まとめて持てば、議決権その他の株主権によって、ユメ社の経営に影響力を持つ。多くの議決権を握ればユメ社を支配することもでき、前記②にいう縦のつながりが作

られる。この関係をベースに取締役など役員の派遣が行われる。契約による提携も、資本のつながりがあれば結びやすい。逆に、そういう提携関係を強めるために、資本参加が行われることもある。友好関係にある企業が乗っ取りを防ぐ安定株主作りのため、互いに株式を持合う場合もあるから、資本参加が常に縦のつながりだとは言いきれない。

第二次大戦前の日本では、三井・三菱・住友・安田・古河などの財閥が強い力を持っていた〔図51.31〕。

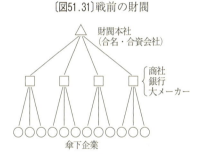

〔図51.31〕戦前の財閥

〔図51.32〕現在の企業集団

	A	B	C	D	E…	計
A	×	5	3	10	8…	26
B	4	×	11	6	2…	23
C	8	3	×	5	4…	20
D	5	2	4	×	3…	14
E	9	4	5	2	×…	20

財閥は経済民主化の妨げになるというので、戦後占領軍によって解体された。現在も銀行・商社・大メーカーなどをメンバーとする企業集団がいくつかあるが、財閥のようなピラミッド状ではなく、マトリクス状に僅かずつ株式を持合うことが多い〔図51.32〕。

つまり、A社がB社株を4％、C社株式を8％所有し、A社株がB社によって5％、C社によって3％所有されているといった具合である。それでも集団全体の持株合計はかなりの率に達し、これによってグループの結束を保つことができる。

1 企業の結び付き

4 役員の兼任・派遣

　銀行が融資先に人を派遣してその役員に就かせるとか、大企業が役員や従業員を関連会社の役員として出向させることがよくある。資本参加があるところでは、1人が何社もの取締役を兼ねる例がある。

　役員の兼任関係がある企業間では、意思統一が行われやすい。取締役会は株主総会のような大所帯ではなく、そこでの多数決は頭数によるから、過半数まで占めなくても、取締役個人や背後の企業の力によって影響を及ぼすことができる。派遣先の代表取締役や執行役のポストを占めれば、なおのことそうである。

　ライバル企業の役員ポストを抑えるなど、役員の兼任や派遣が公正な競争を妨げるような場合には、公正取引委員会がそれをやめさせることがある(独占禁止法13条、不公正な取引方法13項〜15項)。

　ユメ社の取締役近藤さんがウツツ社の代表取締役や代表執行役としてユメ社と取引をするとか、近藤さんがユメ社と同業のウツツ社の代表取締役や代表執行役になって販売活動などをするとき、ウツツ社に有利なはからいをしてユメ社の利益を損なうおそれがある。こういう場合はユメ社の取締役会の承認を得ることが必要である(会社法356条・365条・419条2項)。

2 親会社と子会社

1 会社の親子関係とは

広い意味で、支配する側を親会社、支配される側を子会社と呼ぶ。大メーカーと下請企業や系列販売店、あるいは百貨店やスーパーとその納入業者などのように、取引(契約)をもとに縦のつながりができる場合もあるが、株式の所有を通じて支配従属の関係が築かれることが多い。株式が大勢の小株主の手に分散すればするほど、僅かな割合の持株でその企業を支配することができる。企業の意思決定に影響を及ぼすことができる最も端的な方法は、議決権の過半数を握ることである。間接の影響力も考えると、Q社の全議決権の50%超を持つP社を親会社、Q社を子会社とするだけでなく、〔図52.1〕のR社からY社まですべて、P社の子会社に含めることが必要である。

①Q社の子会社、したがってP社から見れば孫会社のR社も、P社の子会社と扱う。②P社が持つ議

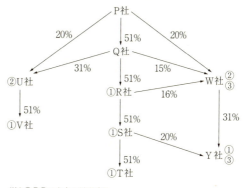

〔図52.1〕議決権による会社の親子関係

(注)①②③は本文の説明番号

決権とQ社が持つ議決権を合わせると過半数になるようなU社も、P社の子会社と見る。③上記①②とも、Q社に当たる子会社が複数の場合も同様とする(W社とY社)。株式が株主名簿の上で誰の名義になっていようと、議決権が実質上誰のものかによって決める。

　かつては基準の明確さを最優先させ、議決権だけによって上記のように親会社・子会社の範囲を決めた(独占禁止法9条5項は今もこの基準をとる)。現在もこれが親子関係の基本であることは変わりない。しかし、意思決定に影響を及ぼす要因は議決権以外にもありうるので、現在はそれらも取り込んで親子関係の範囲を広げている(会社法2条3号4号、会社法施行規則3条・3条の2：実質支配力基準)。例えば、P社とその緊密な関係者からの融資がQ社負債額の50％超を占めるとか、原材料供給などについてP社がQ社に強い影響を与えているような場合は、議決権が上記の基準に達しなくても親子関係を認める。

2　完全親会社と完全子会社

　株主がひとりだけの会社を一人(いちにん)会社(one man company)という。それが他の会社の子会社であれば、一人子会社とか完全子会社と呼ぶ。親の方は完全親会社である。完全親会社と完全子会社は、法律上はそれぞれ別々の会社であるが、経済的に見ると一体であり、分身のようなものである。

　多角経営をしている会社が、事業部門を分社化して独立の会社にすると、事業のリスクを子会社への出資に限定できるだけでなく

〔43.4〕、事業ごとの性質に適した経営方針を徹底させるとか、それぞれが独立採算の意識を高めるなど、企業グループ全体の効率がよくなることがある。グループの統轄を持株会社〔52.4〕が行い、それを完全親会社の形にすることもある。こういう企業の再編成をやりやすくするために、会社の分割、株式交換、株式移転などの制度が、21世紀に入ってからの改正によって導入された。

3　親子会社に対する規制　　　52.3

　親子関係にある会社はいくつか特別の規制を受ける。まず、子会社は親会社の株式を取得してはならない（会社法135条1項）。つまり、前記の実質支配力基準による広い範囲の子会社〔52.1〕はすべて、親会社株式を取得すると違法になる。会社が自社株を取得すると、出資の払戻しになって資本の充実を妨げるなどの弊害があるので、取得の手続や財源が規制されており（会社法155条以下）、子会社を使ってこれをかいくぐるような抜け道を塞ぐことがその目的である。

　親会社の監査役・監査（等）委員会や会計監査人は、子会社を監査する権限を持っている（会社法381条3項4項・396条3項4項・399条の3第2項3項・405条2項3項）。子会社でおかしなことが行われると親会社に悪影響が及ぶほか、子会社の状況がわからないと親会社の本当の姿もつかめないからである。

　子会社の取締役・執行役や従業員は、親会社の監査役・監査（等）委員や会計監査人になることはできない（会社法331条3項4項・335条2項・400条4項）。監査は第三者の立場で厳正にしなければなら

ず、監査を受ける立場の取締役・執行役やその配下が監査したのでは意味がない。

会社の親子関係があるときはこのほか、計算書類や附属明細書に特別の記載が要求される[54.*]。

4 持株会社

株式をたくさん所有し、他の会社を支配することが主な事業とする会社を、一般に持株会社(holding company)と呼ぶ。第二次大戦後、持株会社は一律に禁止された。財閥の根絶を必要とした日本の事情に基づく規制である。財閥本社はもっぱらグループ企業の株式を所有し、ピラミッドの頂点に立って集団全体を統括していた[51.3]。

戦後半世紀以上が経過し、民主主義も定着したことから、戦前のような財閥が復活するおそれは遠のいた。他方、持株会社を利用することができれば、経営戦略の上でいろいろ便利な点がある。こういう理由で経済界は、持株会社の解禁を要望した。

1997年に独占禁止法が改正され、事業支配力が過度に集中することとならない持株会社は、使ってよいことにした。2002年の改正法は、どの会社にも事業支配力が過度に集中することとなるのを禁止した上で、公正取引委員会が監視しやすいように、大企業の定期的な報告義務を定める。金融機関は総資産額8兆円以上のものだけ、その他の一般会社は総資産額2兆円以上のものだけがこの報告義務を負うのに対し、総資産額6,000億円以上の持株会社はすべてこの義務を負う(独占禁止法9条4項)。持株会社は事業支配力

が過度に集中することになりやすいと見られているからである。

　ここにいう持株会社は、一般の用法よりは厳密に定義されている。すなわち、総資産額の半分を超えて子会社株式を所有する会社が、上記の報告義務を負う持株会社である。子会社のとらえ方は、会社法の定め〔52.1〕と異なり、直接・間接に議決権の過半数を握っているかどうかで決める（独占禁止法9条5項）。

3　株式の持合い

1　花見酒

53.1

　落語の熊さんと八っあんが、酒樽を仕入れて花見の宴席へ売りに行く途中、交互に相手から一杯ずつ買って呑むうち、樽は空になったが、オアシは2人の間を行き来しただけ、という話をご存じだろう。

　企業が相互に株式を保有し合うと、つながりが密接になる反面、いろんな弊害が出る。極端な例について述べよう。

　①ユメ社がウツツ社の発行済株式1億円を全部持っている。ユメ社が1億円を増資し、その新株全部をウツツ社が引き受ける。次にウツツ社が1億円を増資し、その新株全部をユメ社が引き受ける。これを何回か繰り返すと、ユメ・ウツツ両社とも資本金はどんどん大きくなるが、見せかけだけで実体の裏付けがないことは明らかである（資本の空洞化）。

　②ユメ社がウツツ社株の多数を握ると、ウツツ社の取締役はユメ社の意向によって選ばれる。ウツツ社がユメ社株の多数を握ると、

ユメ社の取締役はウツツ社の意向によって選ばれる。両社の取締役が手を組めば怖いものなし、互いに永久政権を続けることができる(経営者支配)。

③株価が高いと経営者の腕がよいと見られるとか、増資でたくさん資金が得られるなど都合がよく、経営者は株価を吊り上げたい誘惑にかられる。株価操作は禁止されているが(金融商品取引法159条)、ユメ社がウツツ社に頼んでユメ社株を操作してもらい、ウツツ社がしたいときはユメ社に依頼すれば、露見しにくい。

53.2　2　株式相互保有の規制

もちろん、ユメ・ウツツ両社が前記の親子関係にあれば、ウツツ社がユメ社株を持つことはできない〔52.3〕。しかし、持株の比率がそれより低くても、持合いがある限り①②③の危険は何らかの程度でありうる。現行法は、ユメ社がウツツ社株の25％超を持つ場合に、ウツツ社がユメ社株を持っても議決権がないことにして、相互保有が進むのを抑えようとする(会社法308条1項)。現在の企業集団では、メンバー企業間の個別的な持合比率はずっと低いから〔図51.32〕、この程度の規制は苦にならないだろう。

4　グループの全体像を示す

54.1　1　会計の連結

株式の所有を通じて企業が緊密な結合関係に組み込まれている場

合、メンバー企業の1つに起こったことは他の企業にも波及するから、1企業単独の計算書類を見ただけでは、財務や損益の本当の姿はわからない。売れ残りの在庫品を子会社に売ったことにして売上に計上するなど、粉飾経理に悪用されることもある。

完全親会社と完全子会社〔52.2〕も、両社それぞれ別の計算書類を作る(単体の財務諸表)。公開企業に対しては金融商品取引法が、グループの実態を明らかにする連結財務諸表の作成を命じている(連結財務諸表の用語、様式及び作成方法に関する規則〔昭和51大蔵省令28〕)。そこでは、グループ企業の資本金を単純に合計することなく、投資と資本金とを相殺消去する。グループ企業間の債権債務もそうする。また、グループの外に売れるまでは売上に計上しない。

会社法は、会計監査人設置会社(会社法2条11号)に連結計算書類の作成を認め、有価証券報告書提出義務を負う大会社には、その作成を命じる(会社法444条1項3項)。会計監査人を置かなければならないのは、大会社〔43.4〕と、大小を問わず監査等委員会設置会社および指名委員会等設置会社である(会社法327条5項・328条)。単体では赤字でも、優良子会社を連結すれば好業績の場合があり、専門家の厳密な審査を経たものは利用を認めようとする。

2　企業結合の開示 54.2

日本の「系列」が閉鎖的で不透明だと外国から非難されたことがある〔141.1〕。そこにいう系列は、企業集団その他さまざまの結び付きを指し、つかみどころのないその存在が日本市場への参入を困難にしているという。この非難に応え、取引慣行の是正などの措置がと

られたが、透明度を高めるために開示制度も改善された。

　上場会社などは有価証券報告書を内閣総理大臣に毎期提出しなければならないが(金融商品取引法24条)、そこに企業集団等の状況を記載する。企業集団とは、自社と子会社(過半数の議決権を所有する会社に限らず、実質的に支配する会社を広く含める)の集合体である。自社の親会社やその親会社、経営に重要な影響が及ぶ会社などは関連会社であり、子会社と関連会社をひっくるめて関係会社という。有価証券報告書には、関係会社も含めたグループの状況が示される。会社法に基づいて作成する連結計算書類においても、同様の情報を注記表などで明らかにする(会社法444条1項、会社計算規則61条・112条・134条)。

　連結財務諸表を含む有価証券報告書は、金融庁のEDINET[注1]で閲覧することができる。また、公正取引委員会のホームページ[注2]には、「企業結合ガイドライン」や各年度の主要な企業結合事例が載っている。

注1　http://disclosure.edinet.-fsa.go.jp

注2　http://www.jftc.go.jp

第6章　企業の資金

1　企業の資金繰り

1　カネは企業の廻りもの

素手で事業はできない。自前の資金を使うにせよ、外から借りるにせよ、ともかく資金が要る。企業は原材料を仕入れ、賃金などを支払って生産を行い、できた商品を販売して売掛金や手形を得、それを回収して現金を手にする。これを繰返して利益を挙げる。

挙げた利益を全部配当などにまわさず、社内に留保した分があれば、資金として使うのに手っ取り早い。固定資産の減価償却分も、現金で積んでおく必要はないから、同じように内部資金として使える。内部資金で足りないときは外部から資金を調達する。これには、金融機関からの借入れのほか、株式や社債などを発行する方法がある。

2　首の廻りぐあい

外部資金のうち株式で調達した分は、会社が続く限り返す必要がなく、留保利益(剰余金)と合わせて企業の自己資本を構成する。借

入金や社債は期限が来れば返さなければならず、いわば他人資本である。企業が使う資金総額(自己資本と他人資本の合計)のうち、自己資本が占める割合(自己資本比率)が高ければ、財務状態が健全だと一般に見られる。

借入金は、返済期が1年以内に来るかどうかで、短期と長期に分ける。社債にも短期・長期がある。建物・設備など固定資産の入手には、内部資金か長期借入金を当てるのが手堅い。短期の負債(流動負債)を大きく上回る流動資産(現金やすぐ換金できる資産)があれば、企業が支払に窮する心配がない。

上場会社など公開企業で連結財務諸表を作成していない会社は、資金繰り状況を示すキャッシュフロー計算書の公表義務を負う(金融商品取引法193条、財務諸表等の用語、様式及び作成方法に関する規則〔昭和38大蔵省令59〕110条〜119条)。

2 返す必要のない資金——株式

1 株式のサイズ

株主は、会社に何がしかの出資をして株式を手に入れた。その株式には、社債や国債と違って券面額(額面)がない。株券を見てもいくらの値打があるか書いていない。株式の価値は、会社の業績次第でたえず変動し、会社が倒産すれば紙屑になってしまう。株式には券面額などない方が自然である。

ごく最近まで、額面株式と無額面株式の区別があり、日本では額面株式が多かった。2001年改正によって額面株式が廃止され、無

額面株式一本になった。

　株式のサイズは会社が自由に決めることができる。株価が高すぎて取引しにくいと思えば、取締役会の決議で株式を分割し、いくらでも小さくすればよい(会社法183条。反対に株式を併合して大きくするには、株主総会の特別決議が必要。会社法180条・309条2項4号。1株未満しか持てなくなる人も出るからである)。

　株式のサイズを小さくすれば、売買がしやすく、株主の数をふやすのに便利である。その反面、株主総会の招集通知を大勢に送らなければならないなど、コストもかさむ。僅かな投資しかしていない株主まで経営に発言権を持つのは不適当だと考える会社は、小さい株式なら一定数をひとくくりにし、束になったものだけを一人前の株式と扱うことができる。これを単元株制度といい、ひとくくり何株にするかは定款で定める(会社法188条・189条)。株主総会で投票する権利(議決権)は1単元1個で数え、単元未満の株式しか持たない株主には招集通知も送らない。ちなみに、金融商品取引所でも、小さい株式は売買単位にまとめて取引している。

　単元未満の株式は、売るのに不便であるから、会社に買い取ってもらうことができる。また、自分が持つ分と合わせて1単元にするため、単元未満株式の売渡しを会社に請求することもできる(会社法192条〜194条)。

2　株式の種類

投資者にはいろいろなタイプがある。集めようとする資金の性質や、望ましい株主のありようなども、会社によってまちまちであ

る。こうしたさまざまのニーズに応じて、会社は株主の権利に違いのある多様な株式を発行することができる。

①配当の違い　例えば、ある種類の株式にまず一定率(3％など)の配当をし、残った剰余金から他の株式に配当する約束のあるとき、一定率の配当をまず受ける株式を優先株という。一般の株式に配当した残りからしか配当を受けられない種類の株式は、後配株(劣後株)と呼ばれる。標準となる一般の株式は普通株である。会社は定款に定めれば、これらの株式を発行することができる(会社法108条)。

優先株といっても、2年以上ならして約束の率(上例では年3％)の配当が受けられる(累積的)かどうか、あるいは利益の多い年度は普通株と並んで追加分の配当が受けられる(参加的)かどうか、などによって有利さは一概に決まらない。目論見書を見てよく検討することが必要である。

②議決権制限株式　株主総会の決議事項のうち、一部についてだけ議決権がある株式とか、全く議決権のない株式も、全体の1／2以内であれば発行することができる(会社法115条)。これを使うと、現在の大株主らが支配力の低下を心配せずに自己資本を増加できる。

公開会社ではない会社(つまり全部の株式につき譲渡を制限している会社〔43.4〕)は、1／2を超えても議決権制限株式を発行してよいほか、どの種類の株主が取締役・監査役を何名選任するかを、定款で定めることもできる(会社法108条1項9号。監査等委員会設置会社の場合は、同委員である取締役とそれ以外の取締役を区分する)。

③寿命の違いその他　株式の寿命は会社が消滅するまで続くの

が原則であるが、株主が請求すれば会社が買い取る約束の付いた株式(取得請求権付株式。社債や別種類株式との交換でもよい)とか、一定の事由が生じれば会社側が取得の権利を持つ株式(取得条項付株式)を発行することもできる(会社法2条18号19号・108条1項5号6号)。事由を定めなくても、株主総会の決議で会社が取得できる種類もありうる(会社法108条1項7号)。

さらに、その種類の株主が同意しない限り、会社は何事も決定できないという定款規定すら認められる(拒否権付種類株式とか黄金株という。会社法108条1項8号)。

3 複数の種類があるとき

62.3

取得請求権付株式や取得条項付株式を会社が取得する際、対価として別の種類の株式を交付すると、ある種類から他の種類へ株式が転換されることになる。会社の業績が向上すれば、普通株の方が優先株より有利なこともありうるから、そういう転換を株主が請求できる権利を付ければ優先株の魅力が高まるだろう。財務状態の悪い会社が資金調達のためやむなく優先株を発行するが、状況がよくなれば優先株の重い負担を終わらせる条項を入れておくこともある。

普通株のほかに別の種類の株式も発行している会社では、定款変更とか合併などによって、ある種類の株主に損害を及ぼすようなとき、株主総会の決議だけでなく、その種類の株主が構成する会議(種類株主総会)の決議も経る必要がある(会社法322条)。2種類以上の株式を発行する会社では、普通株も1つの種類株式であり、全体の株主総会とは別に普通株主だけの総会が必要なこともある。種

類株主総会の手続は、一般の株主総会の手続と似ている(会社法324条・325条)。

62.4　4　新株予約権

株式を手に入れることができる権利の一種に、新株予約権がある(会社法2条21号・236条以下)。これを持つ人(新株予約権者)は、株価がいくら高くなったときでも、あらかじめ定めた金額(権利行使価格)を払い込めば、会社から株式を交付してもらうことができる。

ユメ社の株価が800円のときに、権利行使価格が850円の新株予約権を発行したとする。新株予約権者は、株価が1,000円に上昇したときでも、850円払えばユメ社株が手に入る。新株予約権には普通、権利行使期間の定めがあり、その期間中に株価が850円まで上がらなければ、利用の機会がないまま終わってしまう。

ユメ社は、取締役や従業員、関係会社の取締役や従業員、または取引先などに、新株予約権を発行しようと思う。ユメ社の業績の向上に努力してもらうためである。このようなものをストック・オプションと呼び、無償で与えることが多い。あるいは、社債のオマケとして新株予約権を付け、利率の低い社債でも消化しやすくすることがある[64.2]。さらに、株価が上昇しそうな会社の新株予約権は多くの人がほしがるから、これだけを有償で発行して資金調達に使うこともできる。

新株予約権は譲渡することができるが(会社法254条1項)、譲渡に会社の承認が必要だと定めて発行してもよい(会社法236条1項6号)。証券が発行された新株予約権の譲渡は証券の交付によって行

う(会社法255条)。

3　増資さまざま

1　株主割当

63.1

　ユメ社が株式を2,000万株発行しており、今これを1.5倍に増資する場合を考える。新株1,000万株を現在の株主に、それぞれの持株数に比例して割り当てる場合、株主は一般の投資者に優先して割当を受ける権利を与えられることになる(会社法202条)。ユメ社株の時価が800円でも、それより低い価額、例えば50円で発行してよい。ユメ社株4,000株を持つ田中さんは、新株2,000株を割り当てられ、合計10万円を払い込む。ユメ社株の時価は増資後550円見当に下がるが〔= (800円×2,000万株+50円×1,000万株)÷(2,000万株+1,000万株)〕、田中さんに損得はない(800円×4,000株+50円×2,000株=550円×6,000株)。田中さんがこの新株を引き受けないと(失権)、旧株の目減り分約100万円の損をする〔= (800円−550円)×4,000株〕。田中さんは事実上払込みを強制されることになり、ユメ社にとっては成功率の高い増資方法である。

　株主全員に新株予約権を無償で割り当てると(会社法277条)、株主は権利行使価格を払い込んで新株を取得することができる。そうしなかった株主は、上記目減り分の損失を受けるが、無償割当を受けた新株予約権を市場で売却することによって、目減り分とほぼ等しい額を埋めることができる。ライツ・オファリングというこの方法は、目論見書を作らなくてすむとか(金融商品取引法13条1項ただし

書)、期間が短くてすむ(会社法279条3項)などの点で好まれている。

63.2　2　時価発行公募

上の例でユメ社が新株を株主に割り当てずに公募する場合を考えよう。新株を誰に割り当てるのもユメ社の自由だが、会社の財務内容に見合う公正な価額で発行する必要がある。上記の株主割当だとユメ社には5億円(＝50円×1,000万株)しか入らないのにくらべ、時価発行だと手取金は80億円(＝800円×1,000万株)にもなる。

63.3　3　第三者割当

ユメ社がバク社と業務提携をし、バク社に大株主になってもらいたい、あるいはユメ社の従業員に株主になってもらいたい場合などを考える。時価800円で発行するなら、上の公募でこれらの人たちに割り当てればよい(縁故募集)。それではバク社や従業員たちは引き受けたがらないだろう。かといって発行価額を低くすれば、旧株が目減りし、もとの株主が不利益を受ける。そこで、時価より著しく低い価額で発行するには、それが必要な理由を示し、株主総会の特別決議を経ることが必要である[63.4]。

63.4　4　増資の手続

公開会社[43.4]の新株発行は、取締役会が決議する(会社法201条・199条)。株式全部の譲渡を制限する会社(非公開会社)は、株主総会

の特別決議によって新株を発行するが、取締役会(それがある会社の場合)や取締役に委任してもかまわない(会社法199条・200条・309条2項5号)。もっとも、第三者に対し有利な条件で発行するには、どの会社でも株主総会の特別決議が要る〔63.3〕。

定款に定めた発行可能株式数を超えて新株を発行するには、まず定款変更により枠を広げなければならない。取締役会の権限が大きくなりすぎないよう、この枠は発行済株式数の4倍までしか広げられない(会社法113条3項)。ただし、株式全部の譲渡を制限する会社は、いくらでも枠を大きくしてよいので、一度に多額の増資をすることができる。

指名委員会等設置会社〔42.3〕では、取締役会が新株発行を執行役に任せることを決議すれば、以後は執行役だけで増資を決めることができる(会社法416条4項)。

4　大衆からの借金——社債

1　社債と株式　　　　　　　　　　　　　　　　　　　　　64.1

社債は、1口10万円とか100万円と細分された長期借入金であり、株式会社に限らず持分会社〔43.3〕も発行することができる(会社法2条23号・676条以下)。期限が来れば会社は償還しなければならない。業績が悪い時でも、約束の利息を定期的に支払わなければならない。社債はたいてい無記名式の債券の形で流通するが、帳簿の振替で移転する社債には債券は発行されない(社債、株式等の振替に関する法律〔平成13法75〕)。

社債の時価は株式ほど激しく変動しないが、金利の変動に伴ってやはり動く。社債権者は株主のように企業の経営に関与する権利を持たない代わり、会社が解散したときなど、株主より先に弁済を受けることができる。しかし、実際には、株主が関心を持つのは経営よりは配当や利回りであり、配当は平準化される傾向にあるので、株主と社債権者は近付いてきている。社債に近い株式があり（取得条項の付いた、議決権のない、配当優先株など）、新株予約権付社債のように株式に近い社債もある。

2　新株予約権付社債と普通社債

　社債に新株予約権を結び付けたものが新株予約権付社債である（会社法236条2項・292条など）。例えば、ユメ社の株価が今800円のとき、新株予約権の行使価格を850円と定め、この社債を発行したとする。これを買った田中さんは、すぐには権利を行使しない。株式を買う方が安いからである。ユメ社株が850円を超えて値上りしたとき、田中さんは新株予約権を行使する。時価が1,000円でも、850円払い込めば株式が手に入る。

　田中さんが株式を取得するには払込みが必要であり（会社に資金が入る）、新株予約権を行使しても社債は償還期限まで残る。もっとも、新株予約権付社債にはもうひとつのタイプがあり、田中さんが新株予約権を行使すると、満期前でも社債の償還を受け、その元本が株式の払込みにあてられる。これだと権利行使によって社債が株式に変わることになる（以前はこれを転換社債と呼んでいた）。

　新株予約権付社債は、上記の権利がオマケとして付いているの

で、それが付かない社債にくらべ、低い利率で発行されることが多い。そのようなオマケの付いていないのが普通社債である。

3　担保付社債と無担保社債　　　　　　　　　　　　　　　　64.3

社債は債権者が多数でたえず変動するから、個別に担保を付けるのは困難である。そのため、発行会社のまとまった財産に一括して抵当権などを設定し、銀行が形式上の担保権者になり(受託会社)、総社債権者のために担保権を保存・実行する義務を負う。社債権者は受益者として実質的に、債権額に応じて平等に担保の利益を受ける(担保附社債信託法〔明治38法52〕)。

日本では昭和初期の金融恐慌に懲りて以来、社債にも担保を付けるのを原則としてきた。最近では、発行会社の収益力こそ大切だという反省から、無担保社債も発行されるようになった(会社法が定める社債はもともと無担保である)。安全さを測る尺度として格付け(AAとかBBBなど)が用いられる。

4　社債の発行とその後　　　　　　　　　　　　　　　　　　64.4

取締役会設置会社[43.4]においては、社債の発行は取締役会で決める(会社法362条4項5号)。指名委員会等設置会社の取締役会は、社債の発行を執行役に委任することができる(会社法416条4項)。監査等委員会設置会社でも、代表取締役に委任してよい場合がある(会社法399条の13第5項)。新株予約権付社債は、条件次第で(第三者が有利に株式を取得できるなど)、株主総会の特別決議が必要である

4　大衆からの借金——社債　69

(会社法239条2項・240条1項)。

　発行会社が元利金の支払を怠るとか、財務内容を悪化させるなどの事態に、社債権者は自己の利益を守る必要がある。個々人では力不足だし、発行会社も大勢を相手に折衝するのは大変なので、銀行(社債管理者)を窓口に、社債権者集会が重要事項を決議する方式をとる。1億円以上の大口社債とか、50口未満の僅かな数を発行する場合は別として、一般には銀行に手数料を払って社債管理者になってもらわなければならない(会社法702条・705条)。

5　コマーシャル・ペーパーと短期社債

　企業が短期の資金を調達するのに、コマーシャル・ペーパー(CP)を発行する方法がある。これは約束手形であるが、金額が大きく、一度に大量発行することがあり、株式や社債などと同様に内閣総理大臣の監督を受ける(金融商品取引法2条1項15号)。

　金融機関からの借入れと比較して、こちらの方が有利に資金を調達できるときに、これを利用すればよい。ただし、優良企業が発行するものしか市場が受け入れないばかりでなく、制度上も、CPと印刷された用紙を金融機関から交付を受けて使うこと、その金融機関を支払の窓口にすること、などの制約がある。

　短期社債もCPと同じ働きをする。これは社債でありながら、取締役会の決議なしでも発行できるなど、通常の社債とは違った扱いを受ける。券面に表されることもなく(ペーパーレス)、帳簿上の振替やコンピュータ処理によって譲渡される(社債、株式等の振替に関する法律)。

第 7 章　投資と利殖

1　資産運用の狙いどころ

1　タンス預金と土地神話

製造や販売などを本業とする企業にとっても、余剰資金を有利に運用することは重要である。1980年代バブルの頃、多くの企業が財テクに走った。大量の資金を金融商品に投資し、○○銀行と呼ばれるメーカーもあった。ここでは、市民の立場から資産運用について考えよう。

宵越しの金は持たない主義も結構だが、生活設計を立て、不測の入用に備えるため、人は何がしかの資産を持ちたい。現在の消費を抑えて貯えに回すのだから、できるだけ割のよい運用が望まれる(収益性)。タンス預金には利息が付かず、盗まれる危険も心配だ。大きな損もしたくない(安全性)。土地や美術品は確実に値上りすると言われたが、その神話は崩れたし、何よりも、いざ入用なときすぐ換金できないと困る(流動性)。

安全性・流動性・収益性を全部備えた運用手段などありえない。ことに一般の個人が動かすことのできる金額の資金には、有利な運用手段は一層乏しい。金融自由化の波に乗って新しい金融商品が

次々と生まれたが、CD(譲渡性預金証書)、CP〔65.0〕などは単位が大きくて、一般人の手に届かない。

2 貯蓄・投資・投機

いつでも引出せる普通預金は流動性が高く、銀行は比較的安全だが(昭和初期までは取付け騒ぎがよくあったし、最近のバブル崩壊後も倒産の例がある)、利率が低く収益性に欠ける。定期預金、貸付信託、金融債などは、少し利回りがよくなる反面、期間中の換金がやや不利になる。国債や社債で長期のものは利率が少し高いが、後に市中金利が上がると値下りの危険がある。生命保険にも貯蓄の要素があり、とくに変額保険は投資目的で利用される。保険証券を担保に保険会社から貸付を受けることができ、多少の流動性はある。

貯蓄は安全性と流動性を最も重視し、投資はこれらを少し犠牲にして多少収益性に力点を移し、投機は収益性を何より重視する、とごく大まかには言えそうである。しかしそれも程度問題であり、それぞれの境界ははっきりしない。

2 株式への投資

1 株式投資の狙い

一般の個人が株式に投資するのは、利益配当と値上りが主な目的である(株主優待券が目当てのこともある)。企業など法人が他の企業の株式に投資するのは、相手企業を支配するとか、取引の上で密接

な関係を持つ目的のことが多い(政策投資)。投資信託や生命保険のように、他人から集めた大量の資金を運用する立場の法人(機関投資家)は、一般個人と同様主に、利回り(income gain)と値上り益(capital gain)を狙って投資する(純投資)。

2　どの会社の株式？

投資先の企業が順調に業績を伸ばしていれば、配当もふえ株価も上昇するが、業績不振に陥ると減配・無配、株価の下落、果ては倒産で株価がゼロになり、モトも子も失いかねない。こういう危険は、企業の販売する製品や提供するサービスが社会のニーズに合っているか、経済構造の変化に適応しているか、経営方針が適切かなど、個々の投資先企業やそれが属する業種によって大きく左右される。

それと同時に、企業の規模や公開・非公開といったことも、投資リスクを考える上で無視できない。若い企業は急成長することもあるが、安定性に欠ける面がある。経済界に定着していない脆さといえようか。それに、企業の体質や収益力を判断するための情報が十分でない。経験の豊かな人が、余裕資金で投資するのには向いていそうである。

3　株式の信用取引

1　持っていない株式を売る

　株式の取引といえば、ある銘柄の株式を持っている人がそれを売るとか、投資先企業の株主になりたくて株式を買うのが通常である（現物売買）。ところが、金融商品取引所で行われている株式売買の2割近くはこれと違う。自分の持っていない株式を売り、すぐ転売するために他人の金で買う。そのために作られた仕組みが信用取引である（金融商品取引法161条の2）。少ない自己資金で大量の株式を売買できるから、思惑が当たれば儲けが大きい反面、はずれると損失も大きい（テコの原理）。

　田中さんはユメ社株が値下りすると睨み、今が売り時だと考えた。田中さんは金融商品取引業者からユメ社株券を借りて売る。借りる時に委託保証金を積まねばならないが、それが株価の30％だとすれば、自己資金の3倍強の株数を動かせる。思惑通り値が下がれば、田中さんはユメ社株を買い戻し、株券を金融商品取引業者に返す。売値と買値の差額から、売り買い往復の委託手数料を引いた分が田中さんの儲けである。思惑がはずれ、売値より高く買い戻さなければならないときは、田中さんの損になる。

　山田さんは、メザメ社株が値上りするから今が買い時だと考えた。山田さんは委託保証金を積んで金融商品取引業者から資金を借り、それでメザメ社株を買う。株券は業者が預かる。思惑通り値上りすれば、山田さんはメザメ社株を売り、受け取る代金から借入分

を証券会社に返す。差額から売買の委託手数料を引いた残りが山田さんの儲けである。思惑がはずれ、安くしか売れなければ、山田さんの損になる。

2 なぜ信用取引か

金融商品取引業者が顧客に貸す株券を持っていればそれを貸すが、持っていないときは証券金融会社から借りて顧客に貸す。金融商品取引業者と証券金融会社との間の取引を貸借取引という（貸借取引を利用できるのは制度信用取引であり、委託保証金や期限などは取引所が一律に定める。一般信用取引は顧客と業者が個別の合意で内容を決めるが、貸借取引は利用できない）。

田中さんや山田さんの思惑がはずれた場合、少し待てば値動きが変わるだろうと期待して、転売買戻し（手仕舞）に踏切りにくい。そうこうするうちに損失がふくれ上がることが多い。信用取引は6か月を超えて繰り延べることはできず、その間に決着をつけなければならない。

信用取引はこのようにかなり投機的なものである。知識・経験の十分な人が、余裕のある資金で参加するのに向いている。

信用取引を制度として認める理由は何か。田中さんや山田さんのように、株式や資金を持たない人も売買に加わると、市場参加者の範囲が広がり、より多くの人の判断で値が決まる。売買の出合いもつきやすい。仮需給の導入によって市場が厚みを増すことになる。相場が過熱したようなとき、金融商品取引所は、委託保証金率を引上げて信用取引をやりにくくし、相場を冷やす手段に使う。

4 先物取引とデリバティブ取引

1 商品の先物取引

　日本では、徳川時代から米の先物取引が盛んに行われていた。現在の商品取引所では、金・銀・プラチナといった貴金属、ゴム・繊維・石油などの工業製品や、大豆・小豆・砂糖・エビなど農水産物の先物取引が行われている。商品取引所で現物の取引がされることもあるが、ごく僅かであり、ほとんどが先物取引である。

　田中さんが小豆は値下りすると思えば、先物取引業者である商品取引員に売付けを委託する。田中さんがその小豆を所有していることも借りることも必要ではない。委託証拠金を積まねばならないが、信用取引の保証金にくらべ、ずっと率が小さい。僅かの資金で大きな売買ができる。そのかわり、売買の単位(1枚)は証券の場合よりはるかに大きい(小豆は1枚2,400kg、金1枚は1kg)。小豆でも終期(限月)の違うものがいくつか並行して行われているから、何月限りの売りかを指定する。

　この注文が執行され売買契約が成立しても、田中さんは小豆を引き渡さず、代金も受け取らない。そのまま値下りを待つ。この状態を、田中さんが「売建をしている」とか「売建玉を持つ」という。田中さんの売ったのが10月限りの小豆であれば、10月の納会日までに同量の小豆を買戻して手仕舞しなければならない。そうしないと田中さんは小豆の現物を引き渡す義務を負う。逆に田中さんが値上りを見込んで買建をしていたのであれば、納会日までに同量を転

売して手仕舞をしないと、大量の小豆を引き取るはめになる。

　売値と買値の差がプラスかマイナスか、それに売買の委託手数料を加味して、田中さんの損益が決まる。これはかなりリスクの大きい取引であるから、商品取引員が顧客に勧誘するには慎重でなければならない。まず、顧客の知識・経験・資力などに照らし、不相当な取引に引き込んではいけない（適合性の原則、商品先物取引法215条）。プロ以外の顧客には理解しやすいように説明する義務がある（同法218条）。また、受託契約の締結に先立って顧客に書面を交付する必要があり、そこには証拠金の額を上回る損失を生じるおそれがあることなどの記載が求められる（同法217条）。

　商品先物取引にも、株式の信用取引と同様、仮需給を導入して市場に厚みを加え、公正な価格形成を進める働きが期待される。また、生産者・流通業者・需要者など商品の現物を扱う人たちが、価格変動のリスクを避けるために先物取引を利用する。生産者は、収穫期の売値が下がると予想すれば、今の時点で売り建てておく。需要者は、買値が上がりそうなら買い建てておく。予想通りなら先物取引の儲けで現物の損が埋まり、予想と逆なら先物取引の損を現物の儲けで埋める。いずれにせよ、今の時点で損益が確定でき、将来の事業計画を立てやすくなる。こういう取引をヘッジ（ヘッジング、保険つなぎ）という。

2　証券のデリバティブ取引　　　　　　　　　　　　　　　74.2

　第二次大戦前の日本では、取引所でする株式の売買も、先物取引（清算取引とか定期取引と呼んでいた）が中心であった。商品にせよ証

券にせよ、大相場師が波瀾万丈の浮沈を展開し、語り草になった（獅子文六「大番」の主人公ギューちゃんなど）。戦後は、財閥を解体し証券民主化を進めるため[51.3]、株式については現物取引だけを行うことで取引所を再開し、この方針が厳格に守られた。しかし、世界の先進市場では、効率よく利益を挙げるため、あるいはさまざまのリスクを回避・軽減するために、多種多様の金融商品や取引手法が開発され、グローバル化・金融自由化の波に乗って広く世界に伝播した。日本の金融商品取引法も大きく変貌し、デリバティブ取引として多様な手法を認めるに至った（同法2条20項〜23項）。

デリバティブ取引の1つは先物取引であって、国債から始まり株式など証券一般に広く行われるようになった。その仕組みは、上述の商品先物取引と同様、売買をしても現物の引渡しはせず、約定した履行期に値動き分を差金で決済する（金融商品取引法2条21項1号など）。国債などは、発行の時によって利率や期間はまちまち、満期までの残り期間もさまざまで、一律に値決めできないため、標準物という架空の対象を売買し（差金決済だからそれでよい）、たまたま現物を受渡しするときも、標準物との開きを調整する方法をとる（同法118条）。

オプションの売買もデリバティブ取引である（金融商品取引法2条21項3号など）。オプションは、あるものを一定価格で買う権利（コール）または売る権利（プット）である（これらを組み合わせた複雑なオプションもある）。どれだけ値が動いても買ったり売ったりすることのできる一定価格のことを、権利行使価格という。前に述べた新株予約権[62.4]は、発行会社から株式を得るためのオプションである。証券だけでなく商品のオプションもある（商品先物取引法2条3

項4号)。オプションにはそれぞれ権利行使期間の定めがあり、権利行使のチャンスがないまま期間が経過すれば、オプションは消滅する。

3　金融指標のデリバティブ取引

TOPIXは、東京証券取引所市場第一部に上場されている普通株式全銘柄の時価総額につき、過去の一定日の値を基準(100)として算出した指数であり、日経225は、東証一部上場株式から選んだ225銘柄の時価総額について、過去の一定日の値を基準(100)として算出した指数である。こういった指数は金融指標と呼ばれるが、証券だけでなく、コーヒー豆や石油など商品についても、さらには企業業績に影響する天候・地震などの環境要因や信用リスクのようなものまで指数化して、金融商品取引の対象とするようになった(金融商品取引法2条25項など)。

金融指標の売買について現物の受渡しはありえず、もっぱら差金決済を予定した先物取引である。損失をカバーするためのヘッジ目的で利用されることが多いが、投機利益を狙って取引する人もいる。

5　プロまかせの資産運用

資産の運用には、さまざまの手段があることを見た。ファンド・マネジャーといわれる人たちは、有利な運用手段を探して投資し、危険を感じれば早めに回収して別の手段に乗り換えるなど、運用に

専念するのがその仕事である。そのようなことは一般の個人にはとてもできない。知識も時間も十分でない人は、資産の運用をその道の専門家にまかせてしまおうということになる。若干の方法を覗(のぞ)いてみよう。

1　投資一任契約と投資助言

　顧客が業者に資産を預け、その運用を任せることがある。取引の対象・種類・時期・価格などすべてを任せきることもあれば、これら要素の一部は顧客自身が決定し残りを業者に一任することもある。かつては、任された業者が手数料稼ぎのため過度に売り・買いを繰り返すなど、トラブルになることが多いため、原則禁止とされていた時期がある。現在は投資一任契約（金融商品取引法2条8項12号ロ）を委任されることは投資運用業の一内容とし（同法28条4項1号）、内閣総理大臣の登録を受けた金融商品取引業者が行うことを認める（同法29条）。

　銘柄、売り・買いの別、値段や時期などは顧客が自分で決めるが、そこに至るまでの過程で業者が助言をし、それに対して顧客が報酬を支払う約束をすることもある。これは投資顧問契約であり（金融商品取引法2条8項11号）、投資助言業務にあたる（同法28条6項）。投資助言・代理業について登録を受けた金融商品取引業者でなければ行うことができない（同法29条）。

　助言そのものの対価として報酬を稼ぐのではなくても、金融商品取引業者は顧客相手の取引をふやすために、耳ざわりのよい言葉で勧誘するだろう。投資者を保護し資本市場の発展を図るには（金融

商品取引法1条参照)、市場の主要な担い手である業者の健全さが欠かせない。金融商品取引業者とその役員・従業員は、一般的に誠実義務を負うほか(金融商品取引法36条1項)、取引の対象や態様が複雑なため説明義務を負う(同法37条の2～4。金融商品の販売等に関する法律〔平成12法101〕3条も参照)。根負けした相手方に仕方なく取引をさせるなどの執拗な勧誘は禁止される(金融商品取引法38条4号～6号)。もっと積極的に、適合性の原則が重視されるようになった(金融商品取引法40条1号)。年齢・知識・経験・資力や生活状態などに照らし、不向きな取引に引き込むのはよくないし、その人が持つ目的も無視すべきではない。これに反する勧誘には多様なものがあり、効果も一概にはいえないが、ひどい場合は契約の無効や業者の責任に結びつくこともありうる。

2　信　託

資産の運用は信託の形で行うことがある。契約や遺言などによって委ねた資金や株式などは、形式上は受託者の名義になる。委託者が同時に受益者であることが多いが、運用に口出しはせず、報酬を払って運用の成果だけを受ける。委託者は子供や慈善団体など別人を受益者にすることもある。

信託は英国で古くから遺産管理などのために利用され、日本も明治時代に信託法を、大正時代に信託業法を制定した(米国にはbusiness trust を会社と並ぶ企業形態として定める州がある)。最近の新しい信託法(平成18法108)は、受益者の利益を保護する規定を整備したほか、同一人が委託者と受託者を兼ねる自己信託や、債権・

債務の両方を合わせた事業の信託とか、受益者が死亡すると別の人が受益権を取得する特約など、新しいタイプの信託を幅広く認める。

信託業法(平成16法154)は、信託会社の免許や監督、忠実義務などについて定めるが、元本について損失が生じるおそれがあるものを特定信託契約と呼び、投資者保護と横並びの規制を及ぼすため、金融商品取引法の規定を多く準用する(同法24条の2)。他方、信託会社の一定の行為を金融商品取引業から除くことにして、二重規制を避けている(金融商品取引法65条の5第5項)。

75.3　3　投資信託・投資法人

委託会社というプロが大勢の投資者から集めた資金を大口の単位(ファンド)にまとめ、その運用の指図を行う仕組みが投資信託である。資産の管理は信託銀行が行い、個々の投資者は受益証券を買うことによって投資信託に参加する(投資信託及び投資法人に関する法律〔昭和26法198〕)。投資法人は会社型の投資信託(mutual fund)である。投資者は資産の運用を目的とする法人のメンバーになる。実質は株式会社と同じであるが、法律上は別の形とされるため、投資主(＝株主)とか投資口(＝株式)などの語が使われている(同法66条以下)。

上述の信託〔75.2〕にくらべ、分散投資によってリスクを小さくしようとする点に投資信託の特色がある。このうち、受益証券が取引所に上場され、TOPIX などの株価指数〔74.3〕や金などの商品価格と連動した値動きをするものを、ETF(exchange traded fund)と呼ぶ。

不動産を中心に組み入れた投資法人で、投資口が取引所に上場されているものもある(J‐REIT =real estate investment trust. 同法193条1項3～5号参照)。

商品先物にも同様の商品ファンドがあり(商品投資に係る事業の規制に関する法律〔平成3法66〕)、また、不動産投資ファンドといったものもある(不動産特定共同事業法〔平成6法77〕)。

6 甘言に乗るリスク 76.1

これまでに述べたのはどれも、社会が認め政府の監督も及ぶ投資手段である。それでも投資には大なり小なりリスクがつきまとう。プロでも神様でない以上、失敗があって当然だろう。それなのに、「必ず儲かる」とか「損はさせない」など、太鼓判を押して資金を集める手口が跡を絶たない。

証券や商品先物は価格変動がその特性であり、必ず値上りするなど誰も言えないはずだろう。業者がこういう断定的判断を使って勧誘することは違法である(金融商品取引法38条2号、商品先物取引法214条1号、金融商品の販売等に関する法律4条、消費者契約法4条1項2号)。

投資の知識や経験が乏しい人ほど甘言に乗せられやすく、資力に余裕のない人ほど騙されたときの被害が深刻である。適合性の原則〔75.1〕が重要性を増してきたことは前に述べた。無登録の業者が、未公開株式の値上がりが確実だと宣伝し、大勢の被害者を出す事件が契機となって、そういう契約を無効と明定する改正がなされた(金融商品取引法171条の2)。

匿名組合方式〔43.2〕を使った高利回り利殖の勧誘、友人・知人をリクルートさせるネズミ講やマルチ商法、ブラック・マーケットでの貴金属先物取引や海外の商品先物取引、はては現物まがい商法や電話セールなど、大勢の被害者が出てから後追い立法をしてきた。原野商法・観音竹商法・霊感商法など、マスコミの命名に「商法」は泣いている。今後も新しい手口が編み出される危険は大いにある。被害が出た後の救済を欠かすことができないのはもちろんであるが、被害に遭わないための自衛が重要である。うまい話にはご用心。

第8章　企業の失敗

1　行詰まりと再建

1　倒　産

どの企業も営利を目的とし、利益を挙げようと努力する。しかし、事業の失敗や経済環境の変化などのために行き詰まり、そのままでは事業活動を続けられなくなってしまうことがある。そうなると倒産である。

倒産という言葉に厳密な定義はないが、手形が不渡り〔33.2〕になるとか、破産や会社更生手続の申立てがあると、一般にその企業は倒産したという。

企業が解体すると、従業員は職を失い、下請企業は別の取引関係を探さねばならず、その他いろんな点で社会的損失が大きい。何とか立ち直らせることはできないものかと、関係者はまずその努力を試みる。

2　私的整理

ウツツ社の経営者が、もうだめだと投げ出したとしよう。債権者

会議が開かれ、大口債権者ユメ社の木村さんが債権者委員に選ばれた(債権者委員会を作ることもある)。木村さんは、ウツツ社の状況を調査し、経営者の考えも聞いて、再建できるかどうかを検討する。再建する場合は、第二会社(ウツツ新社)を設立して事業を引き継がせ、そこから挙がる利益でぽつぽつ債務を支払うなどの方法をとる。債権者が第二会社の取締役になるとか、第二会社の株式を担保として預かることもある。

こういう処理の仕方を私的整理(内整理)と呼ぶ。法律が手続を定めているわけではなく、裁判所も関与しない。当事者の合意に基づいて行われる柔軟な手続であり、スピーディで低コストである。反面、契約を基礎にした手続なので、同意しない債権者に強制して認めさせることはできず、公正な扱いがされる保証もない。

3 民事再生

民事再生法(平成11法225)は、倒産した中小企業などの再建に適した制度を定める。破産のように債務者が立ち直れなくなってしまうより前の、早い段階に再生手続を開始し、裁判所は監督をするが、債務者が経営を続けるのを認めながら自力で再建するのを助ける。債務の減額や猶予を盛り込んだ再生計画が債権者の多数決で承認され、裁判所がそれを認可すると、債務は再生計画に記載されたものだけに限定され、債務者は原則としてそれ以外の債務から免責される(同法178条1項)。再建のために必要な事業の譲渡や資本減少なども、通常の場合よりも簡便な手続きですることができる(同法43条など)。その代わり、いったん民事再生手続に入ると、申立て

を取り下げるには裁判所の許可が必要である。

　民事再生手続は、個人でも法人でも利用できる。手続に柔軟性があり、早く決着がつくところが好まれる(簡易再生とか同意再生という、もっと簡便な手続もある。同法211条以下)。大企業の倒産を民事再生手続で処理した例もある。

4　会社更生

81.4

　これは株式会社に特有の制度であり、大企業の倒産処理に向いている。会社更生法(平成14法154)に詳細な定めがある。ウツツ社が窮境に陥ったけれども再建の見込みがある場合、つまり、①期限の来た債務を弁済すると事業の継続に著しい支障があるとか、②破産原因(支払不能・債務超過)の生じるおそれがあるとき、裁判所に申し立てて手続の開始を決定してもらう。申立ては会社がするが、②の場合は資本の１／10以上に当たる債権者や、議決権の10％以上を持つ株主も申し立てることができる(同法17条)。

　更生手続が開始されると、株主総会を招集する権限などは取締役に残るが、事業の経営や財産の管理処分は取締役の手を離れ、裁判所が選任する更生管財人(同法67条)に移る。管財人は更生計画案を作って裁判所に提出するが、会社や株主・債権者も独自の案を出せる。計画案では、関係人それぞれの権利をどのように縮小・変更するか、どんな方法で会社を再建するかなどを定める(同法167条)。担保を持つ債権者も、他の関係人よりは優先するものの、更生手続の外で勝手に権利行使はできない。租税債権についても猶予や減免がありうる。

更生計画案については、担保のある債権者、担保のない債権者、株主といったグループ別の関係人集会が、それぞれ多数決で可決し、裁判所が認可すると更生計画の効力が生じる(同法189条・199条)。各関係人の権利はこの計画が定める内容に変わり、もとの権利はなくなる。100％の減資によって株主が全く権利を失うこともある。第二会社(ウツツ新社)を設立して事業を継続させるとか、新株発行によって事業資金を調達するとき、ウツツ社に対する債権を株金払込みに振り替えることがある。

　2002年に会社更生法が改正され、手続を円滑に進め、早く終結させる工夫が加えられた。例えば、ウツツ社の取締役であった人も、裁判所が適任と認めれば、管財人などに選任してよい(同法67条3項参照)。また、金銭債権総額の2／3以上の弁済があれば、手続は原則として終結する(同法239条1項2号)。

2　戦線を縮小して再出発

82.1　1　資本の欠損

　ウツツ社の財務状態を示す貸借対照表を見ると〔図82.1(a)〕、資産は40億円あるが、右側(貸方)の合計額(50億円)より小さい。普通は逆のはずであり、〔純資産(＝資産－負債)＝資本金＋法定準備金＋剰余金〕の関係が成り立つ。ウツツ社の場合は、資産の額に10億円を加えないと左側(借方)が右と釣り合わない。つまり資本の欠損が10億円ある。

　こういう状態にあるウツツ社は、10億円を超える利益を挙げて

欠損を埋めるまで配当できない。そのまま放置しても違法ではないが、法定準備金10億円を欠損の填補にあてると、〔図82.1(b)〕の姿になり、利益がでれば

〔図82.1〕資本の欠損

(a) 填補前

資産の部 40億円	負債の部 30億円
	資本金 10億円
欠損金 10億円	法定準備金 10億円

(b) 填補後

資産の部 40億円	負債の部 30億円
	資本金 10億円

すぐ配当できるようになる(会社法446条・453条)。また、次の資本減少と同じ手続で法定準備金を減らし、浮いた分で損失の穴埋めをするとか、配当にまわすこともできる(会社計算規則22条。この場合、資本金の1／4以上にあたる法定準備金は残しておかなければならない)。

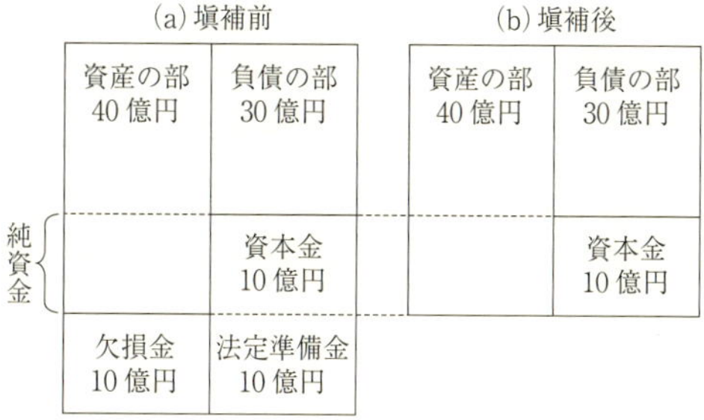

法定準備金というのは、法律が積立てを強制する、安全のためのクッションのような計算項目である。新株を発行したとき、発行価額の半分以上は資本に入れ、残りを準備金にする場合など(資本準備金。会社法445条3項4項、会社計算規則26条)と、配当などで金銭が社外に出るとき一定の積立をするもの(利益準備金。会社法445条4項、会社計算規則28条)とがある。

2 資本減少

82.2

ウツツ社の欠損金が15億円あるとすれば、法定準備金の全部を欠損の填補にあてても、なお5億円の欠損が残る。欠損を消して左右を均衡させるには、資本金を半分に減らさなければならない。

しかし、会社財産を維持する目標額である資本金を小さくするのだから、株主総会の特別決議のほか、債権者にも異議がないかどうかを尋ねる手続が必要である（会社法447条・449条）。異議を述べた債権者には、弁済をするとか、担保を提供するなどの措置をとらなければならない。

　実際に行われるほとんどの減資は、ウツツ社の例のように、すでに減ってしまった資産に合わせて資本を小さくする、計算上の操作である（形式上の減資）。これに対し、事業の規模を縮小するために資本を減らし、その分を株主に払い戻すことも、上記の手続をとれば可能である（実質上の減資）。

3　会社が消えるとき

1　破　産

　ウツツ社が支払不能または債務超過の場合、取締役または債権者が破産を申し立て、裁判所がこれを認めると、同社の破産が宣告される。この手続は破産法（平成16法75）が詳しく定める。

　破産宣告と同時に破産管財人が選任され、ウツツ社の財産はすべて破産財団となり、管財人が管理処分する。破産によってウツツ社は解散したことになる（会社法641条6号）ので、もはや営業活動はしない。破産管財人は同社の債権を取り立て、財産を換価し、こうしてできた金銭を債権額に応じて比例配分する（配当。破産法193条以下）。

　ウツツ社の財産は、もともと債務を弁済するのに不足していた

(だから破産した)。そこへ、担保のある債権者はそれぞれの担保から個別に満足を得る(別除権。破産法65条)。租税債権も取り立ててゆく(同法43条2項)。公平な弁済を確保するために手続が長くかかり、費用がかさむ。これらを差し引いた上で分配するのだから、一般の債権者が受ける配当はごく僅かなのが通例である。株主に残余財産が分配されることなどありえない。

2 解 散　　83.2

　株式会社は次の場合に解散する。①破産、②合併、③株主総会の特別決議、④定款に存続期間が定めてあればその満了など、⑤裁判所の命令(会社法471条)。

　⑤裁判所の命令には2つの場合がある。(イ)会社が行き詰まったときに、株主が申し立てて解散の判決をしてもらう場合(会社法833条)。(ロ)会社が不法の目的(密輸など)で設立されたとか、正当な理由なしに1年以上営業を休止しているときなどに、公益上放っておけないとして法務大臣や株主等の請求に基づき、裁判所が解散を命じた場合(会社法824条)。

　株主総会の決議によって解散したときは、総会の特別決議によって、いったん解散した会社を継続させることができる(会社法473条)。いわば生き返らせることができる。

3 清 算　　83.3

　会社が解散しても、直ちに会社がなくなるのではなく、後始末を

しなければならない。その手続が清算であり、それが終るまで法人としての会社は存続する(清算会社。会社法476条)。

もっとも、破産の場合は破産手続がいちばん徹底した後始末であり、これが終了した時に会社は消滅する。また、合併によって解散した会社の財産はそっくりそのまま存続会社か新設会社に承継されるから、この場合も清算手続は要らない。

清算の段階に入ると取締役はその地位を失い、代わりに清算人が清算事務を担当する。清算人は1人あれば足りるが、取締役会・代表取締役と同じように、清算人会・代表清算人に分化していることが多く、監査役会が必要とされる場合もある(会社法477条。同条5項は監査等委員会設置会社であった会社、6項は指名委員会等設置会社であった会社について定める)。

合名会社と合資会社は任意の手続で清算することもできるが(会社法668条)、株式会社の清算は必ず法定の手続に従う。清算人は資産を処分して金銭に換え、債権者に債務を弁済し、残った財産があれば持株数に比例して株主に分配する(残余財産の分配。会社法504条以下)。これらの清算手続がすべて終り、清算結了の登記(同法929条)がされたときに初めて、法人としての会社は消滅する。ただし、弁済すべき債務が残っているなど、清算手続が本当は終っていないのに清算結了の登記をしても、会社はまだ存続していると扱われる。

株式会社には特別清算という手続がある(会社法510条以下)。一種の倒産処理方法である。清算の遂行に著しい支障があるとか、債務超過の疑いがあるときに、清算人・債権者・株主・取締役・監査役の誰かが裁判所に申し立て、裁判所の監督の下に厳重な手続で清算

される。特別清算人は破産管財人に近い地位を持ち、民事再生の計画に似た協定案を作る。これが債権者集会の多数決で可決され（同法567条）、裁判所が認可すると、債権者の権利は協定に定めた内容に変更される（債権の一部放棄とか弁済の猶予など。同法571条3項）。

4　休眠会社　　　　　　　　　　　　　　　　　　　　　　83.4

　商業登記簿に名前が出ているだけで、永年何もせず放置されている会社がたくさんある。株式会社はどんなに長くても10年に1回、通常は2年ごとに取締役の選任登記が必要なのに（会社法332条）、12年間何の登記もしない会社は、一応実体がなくなっていると見てよかろう。そこで、こういう会社には、法務大臣が公告の上、登記所から通知し、2月内に何かの登記をするか、営業を廃止していない旨を届出ない限り、解散したものと扱ってしまう（会社法472条）。

第9章　企業と責任

1　責任さまざま

1　企業の社会的責任

　企業の業績が落ち込むと、不況や原料高など他社も共通の場合は別として、経営者が責任をとって辞任したりする。売上を伸ばせない部署の責任者が、降格・左遷されることもある。名誉なことではないが、法律上の責任とは関係ない。怠慢・無能な経営者が居座り続けるようだと、企業の運営機構のあり方が問題にされる（ガバナンス問題）。

　企業の社会的責任（corporate social responsibility = CSR）という言葉がよく使われる。使う人によって、その内容はまちまちである。①金儲け一辺倒で、慈善事業・文化事業への寄付を惜しむのはいけない。②社会を俗悪にするようなことは自粛し、文化の向上に役立つ事業活動を行うとともに、資源を大切にし、環境保護にも十分配慮すべきだ。③従業員・消費者・地域住民の利益を考えて経営すべきである。さらに、④ひどい法律違反を犯したり、違法行為を繰返したりする企業は、社会的責任の自覚に欠けると非難される。

　上の①～③は、主として倫理的な要請である。ただ、法と倫理の

境目は流動的であり、上の④にも倫理的意味合いが込められている。境界は時と所によっても変わりうる。例えば、経済の発展が至上命題のときは、環境を犠牲にしても生産性を高めることが重視され、法律が定める有害物質の排出基準などは低く、それを越える浄化装置を備えるのは倫理の問題にとどまる。生活レベルが向上すると反省が起こり、より快適な暮しを求めて厳しい環境基準などが課されるようになる。安全について人々が抱く価値が変化すると、以前は親切で教えてやっていたことが、法律上の義務として説明・警告しなければならなくなったりする。

2　法律上の責任

91.2

　以下では、法律上の責任を取り上げる。法律に違反する行為をした、あるいは法律がせよと命じているのに怠ったとき、何らかの法的責任が問われる。責任の原因になるような行為(すべきことをしないのも含めて)を非行と呼ぶなら、非行は2つのタイプに大別できる。①脱税、贈収賄、詐欺、不正競争、特許権侵害、不当労働行為などは、その限界に微妙な問題があるにしても、それ自体が非難に値することに異論はない(狡知型)。ほとんどが意図的に行われる汚い手口である。

　これに対し、②公害、事業災害、欠陥商品などの多くは、有益な経済活動に伴って起こる(随伴型)。経済成長・技術革新による生活の豊かさや便利さを追求し、そちらを優先させているうちに忍び込んできた副作用である。もとになる経済活動をやめれば、それに伴う企業非行もなくなるが、そうできないところにこの問題の難しさ

がある。②の非行も非難されて当然だが、非難の程度、したがって企業が責任を問われる範囲は、社会の価値観や防止技術の開発などに応じ変化してきた。

2　民事責任

1　契約責任

92.1

　ユメ社がオリベ社から仕入れた服地にきずがあり、使いものにならないので、きずのない服地との取替えを要求したい。あるいは、マネー銀行から融資を受けたバブル興産が、元利金の支払をしないので、マネー銀行はその取立てをしたい。これらの例でオリベ社は売買契約上の、バブル興産は消費貸借契約上の、それぞれ約束を守らなかったのであり、契約当事者であるオリベ社およびバブル興産という法人が契約責任を負う。責任の内容は、約束した通りの債務を履行すること、場合によってはユメ社やマネー銀行の受けた損害を賠償することである。

　契約関係にある者の間では、相手方が約束を守らないとき、まず契約責任の追及を考える。訴訟になっても、契約不履行のあることを裁判官にわかってもらえば、勝つ見込みが高い。オリベ社は服地の引渡しについて債務者(売買代金の受領については債権者)であり、バブル興産は借金の返済について債務者(期日までその金を使うことについては債権者)であるが、悪いのは債権者(ユメ社またはマネー銀行)の方で自分に責任はないと言いたいなら、債務者の方でそのことを裁判官に納得させなければならない。もっとも、不履行のせい

で生じた損害がいくらなのかは、賠償を請求する側が証明する。そのうちでも、オリベ社の不履行のためユメ社が儲けの大きい取引を逃がしたなどは、特別の事情によって生じた損害であり、オリベ社がそれを予見できたような場合だけ責任を負う(民法416条2項)。

上の例でユメ社が「この服地を買いたい」と指定したのであれば、それを引渡したオリベ社はちゃんと債務を履行したといえなくもない。しかし、品物にきずがなく数量もそろっているという前提で売買をした(きず物として値引きしたのではない)のだから、オリベ社は損害賠償責任を負い、ユメ社が売買契約をした目的を達することができないなら契約の解除もできる(売主の瑕疵担保責任。民法570条→566条)[注1]。これも契約責任の一種であるが、どの範囲で認められるか、債務不履行責任との関係はどうかについて、難しい問題がある。また、ユメ社もオリベ社も商人だから、ユメ社が商品を受け取ってすぐ検査し、きずなどを発見すれば通知しないと、こういう請求ができなくなる[23.3]。

2 不法行為責任

この章の初めに挙げたような企業非行の多くは、契約関係にない人たちに被害を及ぼす。公害がその典型である。欠陥商品については、上の服地のように契約当事者の間で責任を問う場合もあるが、小売店などを飛び越えてメーカーに損害賠償を請求したい場合が多いだろう。

注1 民法新564条。

契約のつながりがない者を相手に請求するには、不法行為を根拠にする。通りすがりの人から殴られて怪我をしたときに使うのと同じ制度である。訴訟で勝つためには、相手がわざと(故意)または注意を怠って(過失)した行為が違法であり、それが原因で自分がいくらの損害を受けたかを、被害者の側で証明するのが原則である(民法709条)。

　工場の爆発で近隣に被害が及んだ場合、それは誰か担当者のミスによるものである。責任を負うのはその担当者であって、企業ではないと言うかもしれない。しかし、企業は従業員などを使って手広く事業活動をし、それで利益を挙げているのだから、都合の悪いことは企業と無関係だというのは許されない。ポストにつける人の選び方や監督に落度があると、企業自身の責任が問われる(使用者責任。民法715条)。従業員が仕事から離れて悪事を働いても企業に責任はないが、仕事の上の悪事なら企業の責任である。担当者が株券を偽造した事件で、そんな悪いことをする権限は与えていないと企業は争ったが、判決は、仕事かどうかは外形から判断するとして、企業の賠償責任を認めた(大判大正15年10月13日民集5巻12号785頁)。

　使用者責任は、いわば他人の行為についての責任である。従業員と違って役員の行為は企業の行為だが、それでも役員個人の不法行為を特定した上で、それについて企業に責任を負わせる定めである(一般社団法人及び一般財団法人に関する法律78条〔平成18法48〕)。しかし、物を製造したり電車を走らせたりするのは企業活動そのものなのだから、危害の発生を防ぐ注意義務を負うのは企業自身だと率直に認め、どの個人がそれを怠ったかを問題にせず、組織体としての企業に過失があったと考える方が筋だろう。最近の判例は、公害や

欠陥商品について、企業自身の不法行為責任を認めるようになっている。

　複数の企業からの排出物が水や空気を汚し、住民の健康を損なう結果になったような場合、どの汚染企業も損害の全額について賠償責任を負う(共同不法行為。民法719条1項)。それらの企業相互間では、損害の発生にどれだけ寄与したかによって負担部分を決める(払いすぎた企業は他の企業に求償する)。「2人で一緒にあいつを殴って怪我をさせよう」というのと同程度の強い一体性がなくても、また、どの企業の排出分がどれだけの原因になったかを厳密に確定しなくても、立地その他の点で密接な関連があれば、全部の企業にこの責任が負わされる(津地四日市支判昭和47年7月24日判例時報672号30頁〔コンビナート公害事件〕など)。

3　国や自治体の責任

92.3

　国や都道府県・市町村が違法な行政処分をしたとか、危害防止の権限行使を怠った場合、国等は被害者に対して損害賠償責任を負う(国家賠償法1条1項)。最近は、薬害など生命・身体にかかわる欠陥商品事故について、国等の責任が厳しく追及される。例えば、北陸スモン判決は国に4割、製薬会社に6割の責任を認め(金沢地判昭和53年3月1日判例時報879号26頁)、カネミ油症事件の高裁判決は国に3割の責任があるとした(福岡高判昭和59年3月16日判例時報1109号24頁)。メーカーなどの資力が不十分なとき、国等も連帯して全損害額の賠償責任を負ってくれると、被害者の救済には大きな力になる。その反面、国の負担分だけ加害企業の責任が軽くなるの

は、税金による補助を受けるようなものだし、規制を受けない企業との釣合からも問題だろう。

92.4　4　経営者の責任

取締役や執行役が、法律で禁止されている行為をしたとか、職務を怠ったために会社が損害を受けると、会社はその取締役らに対して賠償を請求することができる(会社法423条)。会社のためにこの請求をするのも取締役や執行役であり、仲間をかばって目をつむるおそれがあるため、株主が原告になって、会社への賠償を求める制度が置かれている(株主代表訴訟。会社法847条。親会社[52.1]の株主が子会社の役員の責任を追及できる場合もある。同法847条の3)。建設会社が県知事に贈賄をした事件で、会社は工事の受注により賄賂を上回る利益を得たが、違法に得た利益は考慮できないとして、取締役は賄賂分を会社に支払えという株主側の請求が認められた(東京地判平成6年12月22日判例時報1518号3頁)。

バブル興産が融資を返済しない場合でも、保証人になったのでない限り、取締役個人が返済する義務はないはずである。ところが、著しく向こう見ずの経営をした結果バブル興産が倒産したような場合は、その取締役がマネー銀行から賠償を求められることがある。バブル興産の業績が怪しくなってから、買った土地の代金支払いのために、満期に支払う見込みのない約束手形を振出した取締役も、手形の不渡りによって損害を受けた売主に対し、賠償する責任を負わされる。本来の債務者である会社から取立てができなくなって、これらの例のように取締役の第三者に対する責任(会社法429条)を

追及する事件が非常に多い。

責任を問われるのは、賄賂を贈ったとか手形を振出した取締役だけではない。それを取締役会で決めた場合は、反対したことが議事録に記録されていないと、賛成したと見られる可能性が高い（会社法369条5項。会社と取締役との利益が相反する取引については、承認決議に賛成した取締役も責任を問われる。同423条3項3号）。

取締役会にかけなかった場合でも、責任者の範囲は広がる。何もしなくてよいから名前だけ貸してほしいと頼まれ、断りきれずに取締役や監査役になった人が、出社もろくにしないでいると、任務の怠りようがひどいという理由で、同じように賠償責任を負わされる（最大判昭和44年11月26日民集23巻11号2150頁）。就任を承諾し取締役として登記された人は、正規の選任手続がとられていなくても、嘘の登記に手を貸したという理由で、やはり責任を問われる（最判昭和47年6月15日民集26巻5号984頁）。

会社が株式や社債を大勢の人に発行して資金を集めるときは、業績など一定の事項を公表しなければならない。その時に事実を偽って書いたりすると、損害を受けた投資者に対して、会社だけでなく取締役らも賠償責任を負う。取締役らが責任を免れるには、注意を尽くしても見抜けない嘘だったことを証明しなければならない（金融商品取引法21条・22条）。

5　その他

以上のように、民事責任といえば大抵が損害賠償の責任であるが、契約責任には契約の解除などもあった。人を騙して売買・贈与

その他何かの行為をさせれば、被害者がその行為を取り消しても文句は言えない(民法96条)。不法行為のうちには損害賠償のほかに、行為の継続を禁止されるとか(営業妨害など)、謝罪広告を命じられることもある(名誉毀損)。特許権を侵害したときも同様である(特許法100条・106条)。

3 刑事責任

1 法人は犯罪をしない

チッソの社長と工場長は、有機水銀を含んだ排水で水俣病の原因を作ったとして、業務上過失致死傷(刑法211条)につき有罪判決を受けた。ホテルニュージャパンの社長は、火災の予防や宿泊客の誘導に適切な措置をとらなかったため、同じように有罪を宣告された。エイズ感染を起こす血液製剤メーカーの元社長らは、同じ罪の容疑で起訴された。このほか、贈賄(刑法198条)、信用毀損・業務妨害(刑法233条)、背任(刑法247条)、業務上横領(刑法253条)、文書・有価証券・印章の偽造(刑法155条以下)など、企業にもかかわりのある犯罪が結構ある上、特別法が定める罰則は非常に数が多い。

刑法の伝統的な考えによれば、法人は犯罪行為をするようなものとしては存在を認められていない(犯罪能力がない)。犯罪に直接手を下した個人、および共犯とされる個人だけが罰せられ、会社のような法人企業は処罰されない。上記のように社長が有罪とされるのは最近のことであり、せいぜい工場長止まりのことが多かった。大企業では社長と現場担当者の間が遠く離れており、直接指揮・監督

する関係にないから、社長の過失が認められないのが普通である。

2　法人にも刑罰

93.2

　ひるがえって特別法を見ると、行為者個人のほか法人も罰する定め（両罰規定）を置くものが多い（例えば、人の健康に係る公害犯罪の処罰に関する法律〔昭和45法142〕4条、医薬品、医療機器等の品質、有効性及び安全性の確保等に関する法律〔昭和35法145〕90条、法人税法〔昭和40法34〕163条）。行為者と法人に加え、法人の代表者を処罰する定め（三罰規定）を置く法律もある（独占禁止法95条・95条の2、労働基準法〔昭和22法49〕121条など）。ここでも法人が犯罪行為をしたと見るのではなく、従業員などの犯罪を防止しなかったことの過失について刑事責任を問うと考えている。

　法人を処罰する定めがあっても、死刑や懲役刑は向かず、法人に科されるのは罰金刑である。その額は個人に対する罰金額と同じなのが通例だが、資力の大きい会社にそれを払わせても痛みを伴わず、予防の効果が乏しい。そこで最近は、法人の罰金額を個人に対するものよりずっと大きく定めた法律がある（独占禁止法95条、金融商品取引法207条）。一般的にこういう差をつけることも検討されている。

　ある種の刑罰を科されることは、取締役・監査役の欠格事由になる（会社法331条1項・335条1項・402条4項）。在任中に刑を宣告されるとその地位を失うし、一定期間そういうポストに就任することができない。

94.1 ## 4　行政上の制裁

　規制緩和が永年にわたって唱え続けられていることは、いかに規制が多いかを示すものである〔134.*〕。政府の規制が及ぶ分野の企業に対し、主務大臣は、事業を行うのに必要な免許・許可・認可・登録などの取消し、期間を定めた営業停止、役員の解任などを命じる権限を持っている。こういう行政処分は、企業の財務状態が悪くなったとか、必要な資格を備えた人が不足するようなときにもすることができるが、この章で取り上げているような非行の多くは、これらの命令を出す理由になることが、それぞれの業法によって定められている。

　特定の業務を担当する人に一定の資格を要求し、直接の規制を及ぼしている場合には、そうした個人が違反行為をすると、資格を剥奪されるとか、業務を停止されることがある（例えば、金融商品取引法64条の5、建築士法〔昭和25法202〕10条、電気事業法〔昭和39法170〕44条4項、航空法〔昭和27法231〕30条・78条4項）。

5　非行の発見と責任の追及

95.1 ### 1　発見の糸口

　誰でも自分の非行を隠そうとする。企業のような組織体も同じである。それが明るみに出るのは、被害が発生し原因を究明した結果のことが多い。爆発事故や交通機関の事故は比較的はっきりしてい

るが、薬害・公害などでは原因がわかりにくい。一般市民には究明の手だてがない。検察・警察には強制捜査の権限があるが、それを行使するには原則として令状が要る(刑事訴訟法〔昭和23法131〕218条など)。裁判官は犯罪と関係なしに令状を出さない。規制産業の主務官庁は、報告を求めるとか立入検査をする権限を持つことが多く、捜査よりは自由に行使できる。

　私人は告訴や告発をすることができる(刑事訴訟法230条・239条1項)。それを受けた検察が捜査を始めるか、起訴に持ち込むかどうかは、全く独自の判断による(刑事訴訟法248条参照)。主務官庁に対し行政上の措置をとるよう申し出る権利を定める法律もあるが(独占禁止法45条、消費生活用製品安全法〔昭和48法31〕52条、特定商取引に関する法律〔昭和51法57〕60条)、これは例外であり、一般にそういう権利は私人に与えられていない。

2　責任の追及　　　　　　　　　　　　　　　　　　　　　　95.2

　刑事責任の追及は検察官が公訴を提起して行う。損害賠償請求など民事責任の追及は、被害者が民事訴訟によって行う。検察には強力な証拠収集権限があるが、私人にはそれがない。とくに不法行為では被告の故意・過失を原告が立証しなければならないが、その過失を証明する資料は企業の手中にあるから、対等な当事者を予定する民事訴訟の手続で、原告が勝つのは難しい。刑事訴訟と民事訴訟とは分離されているが、有罪判決があると民事の救済が事実上容易になる。

　被害者が企業の責任を追及する方法は、訴訟のほかにも仲裁や調

停その他の手続がある〔133.*〕。

95.3　3　消費者の救済

　企業の非行で被害を受けた消費者が、企業を相手に救済を得るのは容易なことではない。これを改善する立法措置が、徐々にではあるがいろいろとられてきた。その一部を覗いてみよう。

　①製造物責任(products liability = PL)　商品の欠陥によって生じた被害については、メーカーだけでなく、輸入業者や、メーカーらしい表示をした企業も損害賠償責任を負う(製造物責任法〔平成6法85〕2条3項・3条)。これは一応無過失責任であるが、販売した当時の知識水準では欠陥を知ることができなかったことを証明すれば、メーカーらは責任を免れることができる(同法4条1号。開発危険の抗弁)。

　②金融商品の説明義務　預金・保険・証券とか、これらの先物取引〔74.*〕など、金融商品は仕組みが複雑で、消費者には理解しにくいものが多い。こういうものを販売する業者は、買値より安くしか売れないリスクがあることなどを説明しなければならず、それを怠ると値下り分の損害賠償責任を負う(金融商品の販売等に関する法律3条〜5条)。

　③独占禁止法違反　カルテルとか再販売価格維持など、独占禁止法に違反する行為について、公正取引委員会の排除措置命令等が確定すると、違反企業は被害者に対して、無過失の損害賠償責任を負う(独占禁止法25条)。

　④クーリング・オフ　訪問販売・電話勧誘販売など、業者の激

しい勧誘攻勢のため、冷静に考えるいとまもなく契約をしてしまうことがある。限られた範囲の商品・サービスについてではあるが、消費者は一定期間内なら契約をする前の状態に戻すことができ、業者は違約金などを請求してはならない(特定商取引に関する法律9条以下・24条以下)。

通信販売には、訪問販売のような不意打ちや強引な説得は見られず、消費者が自分の意思に基づいて契約をしたといえるので、クーリング・オフの権利は認められない。それだけに一層、不当な広告を防ぐことが重要になる(同法11条以下)。

4　消費者のネット取引　　　　　　　　　　　　　　　　　　95.4

ネットを使う金融取引がふえている〔103.3〕。ITの発展・普及に伴い、金融に限らず広い範囲の取引がネット上で行われるようになる。その多くは企業による電子商取引であるが、消費者も巻き込まれるようになり、特有の保護策が必要とされるに至った。電子消費者契約法(電子消費者契約及電子承諾通知に関する民法の特例に関する法律〔平成13法95〕)は、2つの点で民法の特例を定める。

第1に、意思表示をした者に重大な過失があれば錯誤による無効を主張できないのが原則であるが(民法95条但書)、消費者がネット経由で事業者と契約を結ぶ場合にはこれを修正し、入力ミスなどでも無効を主張しやすくした(電子消費者契約法3条)。プロですらありうるミスを消費者の命取りにしてしまっては、一般消費者はネット取引に寄りつかないだろう。もっとも、通販業者が確認・訂正の画面を設けている場合は、消費者に重大な過失があったとし

て、無効の主張を封じることができる。

　第2に、隔地者間の契約は承諾の通知を発したときに成立するのが原則であり(発信主義、民法526条)、これによるときは承諾通知が通信の不具合のために届かなかった場合でも、契約は成立することになる。ネットによる承諾通知については発信主義を修正し、承諾の通知が到達した時に契約は成立することにした(電子消費者契約法4条)[注1]。

注1　民法改正整備法により、電子消費者契約法4条は削除され、隔地者間の契約も、民法の一般原則通り、承諾の通知が到達した時に成立する(到達主義、民法新97条1項)。

第10章　権利の乗物——紙からネットへ

1　紙に乗った権利——有価証券

1　証拠証券と有価証券　　　　　　　　　　　　　　　　　　101.1

　善良な貧乏人があくどい金貸しからの借金に苦しんでいるとき、義賊が証文を盗み出してきてやると、ドラマでは喝采を受ける。しかし、暴利行為で公序良俗違反だから無効(民法90条)というなら別だが、金貸しは証文がなくても元利金の支払を請求できる。立証が難しいだけである。つまり消費貸借債権は厳然と存在し、借金の証文はその証明手段にすぎない(証拠証券)。

　手形・小切手、船荷証券、株券など有価証券と呼ばれるものにも、誰がどういう権利を持つかという事実を証明する働きがある。しかし、それ以上の働きがこれらの証券にはある。証券を持っていないと、本当の権利者でも権利を行使できないという働きである。手形金の支払いを求めるには、満期に手形を呈示しなければならない(手形法38条)。船荷証券が発行されている貨物は、証券と引換えでなければその引渡しを請求することができず(商法776条→584条、国際海上物品運送法10条)、証券なしで貨物を受け取るには、間違いがあったときは損害を賠償しますという保証状を差し入れる。株券

発行会社に株主名簿の名義書換えをしてもらうには、株券の呈示が必要である。

101.2　2　免責証券と有価証券

　ホテルやレストランのクロークに、コートや手荷物を預けると、番号札を渡される。パーティに出た田中さんがこれを落した。和留井君がこれを拾い、田中さんが届ける前に手荷物を受け取って姿を消した。ホテルは無権利者・和留井君に渡したわけだが、田中さんはホテルに損害賠償を請求できるだろうか。無理だろう（民法478条参照）。受取証にもこれと似た働きがある（民法480条）[注1]。

　クロークの番号札と引換えに手荷物を渡したホテルは、渡した相手（和留井君）が無権利者であっても責任を免れる。このプラスティックの札は、債務者（ホテル）を免責させる働きを持つ（免責証券）。手形・小切手などの有価証券にはその働きがもっと強力にある。満期に支払をする債務者に悪意・重過失がなければ、払った相手が無権利者でも免責される（手形法40条3項）。しかも、そこにいう悪意・重過失は普通の場合より狭く、相手の無権利を証明できることまで知っているか、僅かな注意でわかったはずだという意味である。その上、田中さんが手形や株券を紛失すると、善意取得が起こって田中さんが権利そのものを失うこともあるが〔101.5、102.1〕、クロークの番号札なら、和留井君より先に田中さんが届ければ、コート等は確保できる。

注1　受取証書の持参人に対する弁済の規定は削除され、受領権者としての外観を有する者に対する弁済の規定による（民法新478条）。

3　いろいろの有価証券

手形・小切手などの有価証券は、証拠証券や免責証券の働きをするだけではない。紙に権利が乗っている。借用証やクロークの番号札は権利と結び付いていない。この違いは、手形・小切手などの有価証券が流通を命とするのに対し、借用証や番号札は譲渡を予定しないことによる。金銭債権の存在を表わすもののうち、社債や国債は有価証券であるが、定期預金証書や預金通帳は借用証と同類である。

紙に乗る権利はさまざまである。手形・小切手、社債、国債などは金銭債権を表わす。船荷証券など運送証券には運送品引渡請求権が乗っている。倉庫証券は寄託物返還請求権と結び付く。これらはすべて、権利の行使と移転に紙が必要だという意味で有価証券と呼ばれ、ある範囲では統一的な扱いを受ける（商法517条〜519条）[注2]。しかし、権利と紙の結び付き方は一様ではない。

手形や小切手の場合、証券が生まれる前に権利はない。証券を作って初めて権利が生まれる（設権証券）。もとになる取引に基づく権利（代金請求権などの原因債権）は手形・小切手上の権利と別ものであり、売買が取消し・解除のため代金請求権がなくなっても、手形上の権利は残る（無因証券）。手形を譲り受けるときに、そういう事情から債務者が支払を拒むだろうと予想しなかった限り、手形の所持人は支払を請求できる（抗弁の切断。手形法17条）。流通の安全が高められている。

注2　民法改正整備法により、商法の有価証券の規定は削除され、民法上の有価証券として統一的な扱いを受ける（民法新520条の2〜520条の20）。

船荷証券など運送証券の場合、まず運送契約があって、そこから生まれた権利が証券に乗せられる(非設権証券)。運送契約が無効であるとか、取消し・解除がされると、運送証券上の権利もその影響を受ける(要因証券)。証券を作って流通させる以上、証券に書いた内容に責任を持ってもらわないと困るが(文言証券)、手形・小切手にくらべその範囲は狭い。つまり、受け取った貨物と違う品名や水増し数量を書けば、運送人は記載通りの責任を負うが、何も受け取らずに運送証券を発行しても、証券上の権利は発生しないと考えられている。

101.4　4　法律によって違う有価証券

　同じ有価証券という言葉でも、それを使う法律の目的によって意味は同じではない。例えば、金融商品取引法は投資者保護を目的とし、株式・公社債のような投資証券の限られたものだけを有価証券と定義すると同時に、そういう権利は紙に乗っていなくても有価証券として扱う(金融商品取引法2条1項・2項)。刑法が有価証券偽造罪というときには(刑法〔明治40法45〕162条・163条)、流通性のない定期券なども含まれる。

101.5　5　紙の怖さ

　ユメ社が請負代金の一部を支払うため、ガンジョウ建設に振り出した金額1億円の手形を、和留井君が騙し取った。和留井君は無権利者で、手形金の請求はできないが、事情を知らないウカツ信用

金庫にこれを裏書譲渡すればどうなるか。ウカツ信金に重大な過失（和留井君が無権利者であることを、僅かな注意で見抜くことができたのにそれを怠った）がなければ、同信金はこの手形を善意取得し（手形法16条2項）、ガンジョウ建設は権利を失う。

　同じことは小切手についても起こる（小切手法21条）。社債券・運送証券・倉庫証券その他の有価証券も同様である（商法519条）[注3]。

　善意取得に似た制度は、普通の動産についても即時取得として認められている。しかし、それが認められるのは、平穏・公然・善意という要件が揃う狭い範囲である（民法192条）。宝石・貴金属、骨董品などの動産は、譲受人が善意であっても軽過失があれば、即時取得が認められない点、重大な過失さえなければ善意取得が起こる有価証券と大きく異なる。また、盗品・遺失物については、2年間即時取得が制限される（民法193条・194条）。一般の動産にくらべ、このように広い範囲で善意取得を認めるのは、有価証券に高度の流通性を持たせるためである。

　取得者が広い範囲で保護されることは、取りも直さず、権利者が権利を失う危険が大きいことにほかならない。それを犠牲にしても取引の安全を図る必要がある、立法者がそう政策的に判断した結果、このような制度ができたわけだが、静的安全とのバランスをどこでとるかは、難しい問題である。日本の制度はドイツなどにならったものである。静的安全を軽く見すぎだとの批判もありうる。有価証券の善意取得制度は万国共通ではなく、アメリカなどは違った解決の仕方をとっている。

注3　民法新520条の5。

2　紙から権利を切り離す

1　燃えた証券

田中さん宅が火事に遭い、ケセラ商店振出しの約束手形もいっしょに焼けてしまった。田中さんはケセラ商店に手形金の支払を請求できるだろうか。無理だろう。ケセラ商店がおいそれと請求に応じるのは危ない。田中さん宅が焼けたのはまぎれもない事実だとしても、火事より前に手形を譲渡しておきながら、田中さんが嘘をついているかもしれない。田中さんがそんな悪い人でないとしても、火事より前に譲渡したのを忘れているかもしれない。火事の前夜、田中さんの知らない間に盗まれていたかもしれない。問題の手形が誰かの手にある限り、ケセラ商店は二重払いを強いられる危険がある。

紙がなくなったからといって、田中さんが権利まで失うわけではない。盗まれた場合も同様である。しかし、紙がなければ権利を行使できない。

2　証券を無効にする

田中さんはなくした手形について簡易裁判所に公示催告を申し立てる。罹災証明とか警察の盗難届受理証明などの資料によって、裁判所が田中さんの申立てを認めると、「その手形を持っている人は〇月〇日までに届け出られたい。届け出ないと権利を失う」と公告

する。この期間は2か月以上必要である。期間内に届け出る人がなければ、裁判所は除権決定をする。これによって問題の手形は、誰の手にあろうと無効と宣告され、申立人田中さんは、手形を持っていた時と同じ地位を回復する（非訟事件手続法〔平成23法51〕114条～118条）。田中さんは決定書を見せて、ケセラ商店から手形金の支払を受けることができる。運送証券や倉庫証券についても同様の処理がされる。

除権決定によって無効とされた証券はただの紙きれであり、以後、善意取得[101.5]が起こることはない。

3　紙からネットへ

1　紙の恵み

103.1

権利には形がない。目に見えない。人と人との間に定着している権利・義務はそれでよいが、動かすにはきわめて扱いにくい。これを紙に乗せ、目に見える形にしたのが有価証券であり、人類の大きな発明だといってよい。権利を譲り受けた人が紙をしっかり握れば、権利の存在はほぼ確実だし、二重譲渡のトラブルも心配しなくてすむ。

為替手形の発達により、遠隔地の売買の決済が楽になった。通貨が違う国の間の貿易も、これを使って簡便に決済できる。ちなみに為替手形（bill of exchange）は、両替（exchange）を伴う貿易取引から発達した[151.2]。約束手形も割引という取引を通じて、債権者が資金を固定させず流動化させる働きをし[32.3]、信用の発達に大きく

役立ってきた。小切手が普及し、手もとに多額の現金を蓄えておく必要がなくなり、現金の持歩きも僅かですませられるようになった。

運送証券のおかげで、動いている状態の商品を売買したり担保に入れたりすることができるようになった。倉庫証券は商品を動かさないまま権利を動かすのを容易にした。

103.2　2　紙の煩わしさ

紙は経済社会を征服したかに見えたが、便利でその利用が高まるにつれ、それに伴う煩わしさも目立つようになった。頻繁に支払をする商人は、たくさんの手形用紙を用意し、分厚い小切手帳を持ち歩かなければならない。決済は手形交換で一括してできるが、そのためには大量の手形類を運ぶ必要があり、手数の面倒さと危険がつきまとう〔33.1〕（紙の怖さは前に見た〔101.5〕）。

クレジットカード、マネーカード、プリペイドカードやデビットカードの普及によって、小切手とくにパーソナルチェックの利用が少なくなった〔31.3〕〔31.4〕。下請その他の取引先との手形決済をやめ、インターネットなどで一括決済することによって、印紙税などの費用を節約する企業もふえつつある。輸送手段が進歩し運送の時間が短縮されたほか、通信を電送して運送品の処分もできるので、船荷証券など運送証券を使う必要も減ってくる。

3　ネット上の手形——電子記録債権　　103.3

　手形用紙に記載する代わりに、電子記録によって権利を発生させ、その譲渡も電子記録によって行う制度が作られた。上記の一括決済は手形という紙との訣別であるが、同時に紙の恵み〔103.1〕を返上しなければならず、裸の権利の不便さが戻る。これに対し電子記録債権制度は、紙と同じ便利さも失わずにすませようとする。

　この制度を定めるのは電子記録債権法（平成19法102）である。例えば、前記〔32.3〕のスーツ納入によって売掛債権が生じた場合に、バゲン百貨店とハイカラ商店の双方が（同時でなくてよい）請求して電子記録債権にすることができる。これは売掛債権とは別の権利であり、スーツの売買が無効であったり取り消されたりしても直ちに影響を受けない。この権利の譲渡は、バゲン百貨店とハイカラ商店双方の請求による電子記録があると効力を生じる。債権者とか質権者として記録されている者は、それぞれ権利者であると推定される。債権者として電子記録されたハイカラ商店が実は権利者でなかったとしても、そのことを知らず重大な過失なしに譲り受けた山本さんは電子記録債権を善意取得する。無権利者だとは知らずに支払をしたバゲン百貨店は、重過失がなければ免責される。電子記録債権は分割することもできる。

　全国銀行協会の完全子会社である(株)全銀電子債権ネットワーク（でんさいネット）が、政府の指定を受けた電子債権記録機関として、上述の記録業務を行っている（電子記録債権法51条）。

4　株券・社債券はどこに？

　株主の地位のことを株式と呼び、そこから会社に対するさまざまな権利(剰余金分配請求権や議決権など)が湧き出す。株券はこの株式を表す有価証券であり、株券がなければ、株式会社が今のように大きくなることはできなかったであろう。大勢の人から僅かずつ資金を集めて巨額の資本にするには、たやすく資金を回収できる株券の形が重要な役割を果たした。

　かつては、会社が必ず株券を発行しなければならない時代があった。現在は様変わりした。株券を発行することを定款で定めた会社をわざわざ株券発行会社と呼び(会社法117条7項)、それ以外の会社は株券を発行しない(会社法214条)。次の事情を考慮してこのように改正された。株主数の少ない会社ではめったに株式譲渡など起こらないから、株券はあまり必要とされない。逆に株主数の多い大きな会社では、株式の売買が大量に上り、いちいち株券を受渡ししていては事務処理の負担に押しつぶされる。

　株券発行会社の株式を譲渡するには株券の交付が必要だが(会社法128条1項)、それ以外の会社では意思表示だけで譲渡する。どちらの場合も、株主名簿の名義書換えを受けた後でなければ、株主としての権利を行使することができない(会社法130条1項)。名義書換えの請求は、株券があればそれを呈示して譲受人が単独でできるのに対し、株券がない一般の場合は譲渡人と共同でする必要がある(会社法133条、会社法施行規則22条)。不正に名義書換えがされるのを防ぐためである。

　頻繁に売買される株式については、株券の受渡しを廃止し、振替

機関の帳簿やコンピュータ・ファイルに記録する方法で処理が行われる（振替株式という。社債、株式等の振替に関する法律〔平成13法75〕128条）。振替株式の譲渡が効力を生じるのは、譲渡人が申請し譲受人の口座に株数増加が記録された時である（同法140条）。会社に対して権利を行使できる株主が誰であるかは株主名簿で決まるが、その名義書換えは振替機関から会社への通知によって行う（同法151条～154条）。

　振替株式の制度は2009年にスタートした。それ以前から、保管機関にまとめて寄託した株券の共有持分を帳簿の付替えによって移転する方式が行われていた（保管振替え〔ほふり〕制度）。また、社債については一足早く、上記の振替株式と同じ方式の社債振替制度が2003年に発足している。

5　新たな証券化

　紙から離れる権利がある一方で、新しく証券に乗って動き出す権利も見られる。リース会社やクレジットカード会社の債権をまとめて別会社に移し、それを小口の証券に乗せて流動化するとか、不動産や債権を特別の会社に移し、その権利を小口の証券に乗せて販売し、集めた資金でビルを建てるなどして利用を図る方法もある（資産の流動化に関する法律〔平成10法105、通称「SPC法」〕）。こういう現象を証券化（securitization）と呼ぶ。

　新しい証券の多くは、株式や社債などと同じように金融庁の規制を受ける（金融商品取引法2条1項8号など）。そこでは、投資の判断に必要な情報を投資者に確保させることが重要視され、投資物件と

して市場に出る限り、紙に乗っているか否かで区別はしない〔101.4〕。もっとも、金融商品取引法の規制対象の中心は有価証券であり、株式や社債が紙から離れた現在でも株券とか社債券の語を使っている(同法2条1項5号9号)。

第11章　知的財産権と企業

1　知的財産権とは

1　特許権

資金をつぎ込み時間をかけて研究を重ねた結果、それが発明として実を結んだとしよう。発明された新製品なり新技術は、従来のものより優れている。多くの人がその新製品を求めるので、高い価格で売れる。あるいはその新技術はコストを大幅に下げることができるので、利益率が高まる。しかし、ライバル企業はすぐそれを真似ようとする。同じような製品・技術が市場に溢れたのでは、発明者の優位は束の間のものに終ってしまう。それでは苦労が報いられない。マニア以外は発明に精を出さなくなり、技術などの進歩が停滞する。そうならないように、一定の手続で登録することによって、発明者に20年間独占的な権利を認めることにしたのが特許権である（特許法〔昭和34法121〕67条1項）。

特許権は対価を得て他人に譲渡したり、使用料（ロイヤルティ）をとって使わせたりすることができる。また、他人が勝手に特許製品を業として生産・販売するとか、特許技術を使って同様のことをすれば、その差止めや損害賠償、さらに謝罪広告などを請求すること

ができる(同法100条〜106条)。

2　実用新案権

　特許の対象である発明は、「自然法則を利用した技術的思想の創作のうち高度のもの」であるが(特許法2条1項)、この定義から「のうち高度のもの」を除くと、実用新案の対象である考案になり(実用新案法〔昭和34法123〕2条1項)、登録を受けることによって、特許権と同じような実用新案権になる。ただし、期間は10年であり(同法15条)、特許権よりは短い。

　実用新案法はその目的規定の中で、「物品の形状、構造又は組合せに係る考案」を保護すると定める(同法1条)。特許の場合は作り方も発明になるのに対し、方法の考案は実用新案にならず、出来上がったものだけがその対象である。

　実用新案として有名なのは「亀の子たわし」である。今ではスポンジ質の食器洗いなどにとって代わられ、あまり見かけなくなったが、以前はどの家庭にもあった台所用品である。大正時代に実用新案の登録を受け、企業化して大きな利益を挙げた。のちに特許の登録を受けたようであるが、それは特別規定によるものであって、普通なら特許が認められるような高度の発明には当たらないと考えられている。

　特許と実用新案、したがって発明と考案とを区別する国は、日本のほかにもいくつかあるが、多くの国ではこの2つを区別せず、特許一本の定めをしている。

3　意匠権　　　　　　　　　　　　　　　　　　　　　　　111.3

　似たようなものに意匠権と商標権がある。意匠はデザインであり、「物品の形状、模様若しくは色彩又はこれらの結合であって、視覚を通じて美感を起こさせるもの」と定義される（意匠法〔昭和34法125〕2条1項）。機能は同じでも、見た目にきれいだ、いかにも早く走りそうだ、そういう感覚を呼び起こす商品は購買意欲をそそるだろう。

　例えば、爪切りの形と模様について意匠の登録がされたものがある。他人が勝手にこれを真似た爪切りを製造販売すると、意匠権の侵害になる。デスクトップ・パソコンのデザインの模倣を差し止めた事件があった。この権利は20年間保護される（同法21条1項）。

4　商標権　　　　　　　　　　　　　　　　　　　　　　　111.4

　商標は、商品とかサービスを特定するための名前やマークのことである（法律は「標章」という。商標法〔昭和34法127〕2条1項）。どちらも登録を受けることによって、特許権と同じような保護が与えられる。意匠はそれ自体を作るのに知力を注ぐ点で、発明・考案と共通するのに対し、商標はどの企業が生産・販売する商品、または提供するサービスであるかを示し、他の同種商品・サービスと区別するところに重要な働きがある。

　商標と似たものに商号がある。商号は商人〔14.2〕としての企業の名称であり、個人商人が複数の営業を営むときはそれぞれに商号をつけてよいが、会社には1個の商号しかない。○○製薬株式会社

というのは商号であるが、その会社が製造販売するそれぞれの薬に商標が付けられている。商標は名前のほかにマークでもよいが、商号は文字で書ける名称でなければならない。商号は商法(11条〜18条の2)と不正競争防止法〔平成5法47〕によって保護される。商号は、それを名称として付けた企業が存続する限り保護されるのに対し、商標権は登録してから10年間経つと終了するが、更新登録をすれば存続する(商標法19条)。

5 著作権

他人が書いた小説や論文を、自分の文章であるかのように使う剽窃(ひょうせつ)行為は、著作権の侵害であり、著作者は差止め・損害賠償・謝罪広告などを請求できる(著作権法〔昭和45法48〕112条以下)。著作といえばすぐ、文芸や学術に関する書籍を思い浮かべるが、美術や音楽も著作物であり、媒体も書籍・雑誌に限らず、レコード、CD、DVD、映画、放送、実演などと幅広い。さらに、プログラムやデータベースのように、コンピュータに乗った著作物もあり、これなどは情報産業の製品ともいえる(2002年の特許法改正により、特許権としての登録もできるようになった)。美術品については著作権が認められるが、それが工業製品のデザインとして用いられれば、同時に意匠権も認められる。

特許や商標などこれまでに述べたものはどれも、登録されることにより初めて、権利としての保護が与えられる。著作物はこれと違い、登録などの手続は何も必要でなく、創作されることによって当然に権利としての保護を受ける。しかもその保護期間が長く、著作

者の死後50年間続くのが原則である(同法51条。映画は70年〔同54条〕)。

6　工業所有権と知的財産権　　　　　　　　　　　　　　111.6

　特許、実用新案、意匠、商標の権利はどれも、他人が勝手に使ったりするのを排除して、ひとり占めできるところが物の所有権と同じであり、主に産業(industry)の活動の中で生み出されたものなので、まとめて工業所有権(industrial property)と呼ばれる。もっとも、上記の４つに限らず、商号(商法11条〜18条の２)やサービスマーク（３つの菱形とか井桁マークなど）、さらに原産地表示(不正競争防止法２条１項14号)などを加えた広い範囲のものを、工業所有権と呼ぶこともある。後記のパリ条約はこのような広い意味で使っている。

　工業所有権に著作権を加えたものをひっくるめて、無体財産権と呼んできた。形がなく手で触れることができないという意味だろうが、もともと権利はすべてそういうものである。最近は知的財産権(intellectual property)とか知的所有権という呼び名を使うことが多い。知的活動の産物だという面をとらえたネーミングである。

　知的財産基本法〔平成14法122〕が制定され、上に掲げたものすべての創造・保護・活用の推進が図られるようになっている。

2　先端産業の知的財産

1　プログラム

112.1

コンピュータのプログラムを自分で作る人もかなりいるだろうが、多くの人は他人が作ったプログラムを使い、その恩恵に浴している。いろんなソフトウェアはプログラムの集合で出来ている。

著作権法はプログラムを次のように定義する。「電子計算機を機能させて一の結果を得ることができるようにこれに対する指令を組み合わせたものとして表現したもの」(同法2条1項10号の2)。特許法の定義はやや簡単で、「電子計算機に対する指令であつて、一の結果を得ることができるように組み合わされたもの」という(同法2条4項)。どちらにしても定義の方が難しいが、運動会やテレビ番組のプログラムと混同しないようにするためには仕方がない。

プログラムはこのように著作権法・特許法の両方の保護を受ける。登録などしないでも、それを作った田中さんの死後50年間、プログラム著作物は保護される。しかし、木村さんが独自の考えで同じプログラムを作った場合、どちらか一方が他方に優先することはない。これに対し、木村さんが先に特許を出願し登録を受ければ、たとい田中さんが独自に同じプログラムを作っていたとしても、木村さんは特許権に基づいて田中さんに使用の差止めなどを請求することができる。

このほか、不正競争防止法も、プログラムやそれを組み込んだ装置を保護するための規定を置いている(同法2条1項11号12号・7

項・8項)。

2　データベース　112.2

　コンピュータを通して、新聞記事や学術情報などを検索し、必要な情報を入手したことがあるだろう。たくさんの情報を整理統合し、検索によって必要なものを取り出すことができるように作ってあるのがデータベースである。世の中に情報は溢れており、たくさんありすぎるために探すのが難しい。その困難を乗り越え、いつでも新しい情報が取り出せるように更新されているデータベースは、貴重な情報ツールである。

　著作権法はデータベースを次のように定義する。「論文、数値、図形その他の情報の集合物であつて、それらの情報を電子計算機を用いて検索することができるように体系的に構成したもの」(同法2条1項10号の3)。このうち著作物として保護されるのは、「その情報の選択又は体系的な構成によつて創作性を有するもの」に限られる(同法12条の2第1項)。

　データベースに集められた情報には、単なる数値や人名・地名などのように著作物でないものもあれば、著作物に該当するものもある。著作物のうちでも、法令・判例などは著作権の保護を受けないが(同法13条)、論文などはそれ自体が著作物として権利保護の対象である。こういうものがデータベースに組み込まれることによって、論文などの著作者の権利が影響を受けることはない(同法12条の2第2項)。つまり、データベースについて成立する著作権は、そこに組み込む著作物の権利とは別個のものであり、百科事典など

に認められる編集著作物の一種と考えることができる(同法12条参照)。

3　半導体集積回路

コンピュータ、自動工作機、ゲーム機などには、たくさんの半導体チップが組み込まれている。半導体チップは凝縮された集積回路(IC)を持っており、その回路配置(レイアウト・デザイン)の違いによって、それぞれ違った働きをする。せっかく考え出した回路配置が他社に真似られてしまっては、開発の努力が報われない。

こういう回路配置を著作権法によって保護する国もある。確かに元のマスクパターンは図面に似るが、著作物というよりは発明の表現という方がふさわしく、そういう国でも保護の仕組みは著作権とはかなり異なっている。

日本は「半導体集積回路の回路配置に関する法律」〔昭和60法43〕を制定し、特許権に近い形で保護を与えている。すなわち、保護される回路配置利用権は設定登録によって発生し、その存続期間は10年であって、著作権よりずっと短い。ちなみに、この法律は半導体集積回路を次のように定義する。「半導体材料若しくは絶縁材料の表面又は半導体材料の内部に、トランジスターその他の回路素子を生成させ、かつ、不可分の状態にした製品であって、電子回路の機能を有するように設計したもの」(同法2条1項)。

4　バイオテクノロジー

味噌・醤油・酒などの醸造、野菜・果物・家畜類の品種改良など、生物を利用した生産技術は、私たちの祖先が古くから使ってきた。最近は遺伝子組替えのような、先端科学の応用も行われている。経験と勘が頼りの、秘伝としかいいようのないもの、いつも同じ結果が得られるとは限らないものは、権利の形で保護するのは難しい。これに対し、安定した結果を得ることのできる技術で新規なものは、発明として特許を認めるなり、類似の保護を与えることが必要である。

特許法はこうした事態に対応し、植物の品種改良技術で同じ結果が反復して得られるようなものについては、特許を認める扱いをしている(特許庁の運用基準)。

これとは別に、種苗法〔平成10法83〕が一定の範囲で保護を図っている。同法は、農林水産植物の品種を育成した者が、一定の要件をみたす出願をしたときに、農林水産大臣が品種登録をすると定める。品種の育成とは、人為的変異または自然的変異にかかる特性を、固定しまたは検定することである。そういう特性によって他の植物体と明確に区別できることなどが要件とされる。品種登録がされると、育成者権者の許諾なしに第三者が業として生産や販売をすることができない。保護の期間は25年であるが、果樹などの永年性植物の場合は30年である(同法19条)。

3　知的財産権に関する国際条約

1　工業所有権保護条約（パリ条約）と特許協力条約

　工業所有権の保護に関するパリ条約は1883年に締結された。同条約の同盟国は現在170か国を超える。日本は1899年に加入した。同条約はその後何度も改正され、日本は最新の1975年改正条約に入っているが、それより古い条約にしか入っていない国もある。同条約は、特許、実用新案、意匠、商標のほか、サービスマーク、商号、原産地表示・原産地名称や、不正競争の防止を広く保護の対象に含める（1条2項）。

　パリ条約は内国民待遇の原則を掲げ（2条）、同盟国の国民は他のすべての同盟国において、外国人だからといって差別されることはない。また、日本で特許を出願し、外国での出願のために翻訳など準備をしている間に、他人が先回りして外国で出願するようなことを防ぐために、パリ条約は優先権制度を定め（4条）、どこかの同盟国で出願してから一定期間内に他の同盟国で出願すれば、すべて最初の出願日付でしたものと扱ってもらえるようにしている。

　本国で正規に登録された商標について、パリ条約は原則として他の同盟国でもそのまま、登録できると定め（6条の5）、改めて審査が必要な特許などより直接の保護を与えている。

　特許については別に、1970年にワシントンで結ばれた特許協力条約がある。同条約が設けた国際出願制度を利用すると、日本の特許庁に日本語または外国語で出願し、保護を受けたい国を指定する

ことによって、各指定国での出願につき一定の保護が与えられる。日本もこれに加盟し、実施のための国内法制を1978年と2002年に整えた。

パリ条約の加盟国が形成する同盟の国際事務局は、国際連合の専門機関でもある世界知的所有権機関(WIPO=World Intellectual Property Organization)が担っている。

2　著作権を保護する条約（ベルヌ条約）と万国著作権条約

「文学的及び美術的著作物の保護に関するベルヌ条約」は、1886年にスイスの首都ベルヌで結ばれた。当初の同盟国はヨーロッパ中心であったが、現在は約170か国に上っている。日本は1899年に加入し、その後の改正条約にも加入している。

ベルヌ条約は、建築・写真・応用美術の著作物のほか、科学に関する図面など広い範囲のものを保護の対象に含める（2条1項）。小説家・画家・学術論文の著者や出版・映画・放送関係の企業に限らず、多くの企業の活動に関係がある。

ベルヌ条約も内国民待遇の原則を定めるが（5条1項）、工業所有権の場合とは違い、無方式主義を明定する（同条2項）。著作物を作成すると直ちに著作権が発生し、権利の保護を受けるのに登録とかⒸなどの著作権表示は要らず、出願の問題もないわけである。

これに対し、登録・図書の納入・著作権表示などの方式をふまないと、著作権の保護を与えない国も相当ある。こういう国々においても、無方式主義をとる国の国民の著作物が保護を受けられるように、万国著作権条約が1952年に結ばれた。この条約は、本国で方

式なしに保護される著作物は、その複製物に © の記号、著作者名、最初の発行年が一体として表示されていれば、登録その他の方式を要求する国においても、著作物としての保護を受けるという方法で、ベルヌ条約との間をつないでいる。

　日本は1956年万国著作権条約に加入した。アメリカ合衆国は方式主義を永年堅持していたが、1989年にベルヌ条約に加わり、国内法も改正して外国人の著作物には方式を要求しないことにした。ロシアや韓国などは、万国著作権条約には加入しているが、ベルヌ条約の同盟国ではない。日本はこれら両国を含む若干の国と、万国著作権条約に基づく保護を与え合っている。

113.3 　3　集積回路に関する知的財産条約

　この条約は1989年にワシントンで成立した。回路配置を保護する形式を、著作権・特許権・それらとは別の権利、あるいは不正競争防止法やそれらの組合せのどれによるかは、各加盟国の自由に任せている。この条約には、権利者の意向を無視して強制的にライセンスを与えさせる範囲を広く定めるとか、権利を侵害する集積回路を組み込んだ製品を知らずに輸入などした者が、侵害品だと通告を受けた後も補償金を払わずに利用できるなど、発展途上国寄りの規定が入っている。そのため、半導体製品の主要な生産国である日本とアメリカがこの条約に反対しており、条約が発効する見込みは乏しいといわれる。

4　植物新品種の保護条約

「植物の新品種の保護に関する国際条約」は、1961年にパリで結ばれた。日本は従来、農産種苗法によって、品種名を登録し名称を保護するだけであったが、この条約の趣旨に合うように同法を改正して〔旧〕種苗法とし(1978年)、1982年同条約に加盟した。同条約はその後3回改正され、最近の改正(1991年)に合わせるため、前記の新しい種苗法〔112.4〕が制定された。

締約国・同盟国などのどこかで出願した後1年内に他の国で出願すれば、出願の先後関係について、それら他の国でも優先権が認められる(種苗法11条)。この点は特許の場合と同様である。

4　知的財産権は誰のものか

1　出願と登録

まず特許について見よう。発明をした者は、その発明が一定の要件をみたすものであれば、特許を受けることができる。要件としては、出願前に日本や外国で公然知られておらず、実施されてもいないこと、内外の刊行物に記載されていないこと、その分野の知識水準で容易に発明できるようなものでないこと、産業上利用することができるものであることなどがある(特許法29条)。同じ発明について2人以上の者が別々に特許の出願をすることもありうるが、その場合は一番先に出願した者だけが特許を受けることができる(先願主義。同法39条)。複数の国で出願するときに、条約に基づいて優

先権を主張できることについては前に述べた〔113.1〕。

　審査にパスして、特許庁で設定の登録がされると、特許権が発生する。試験や研究のために他人が特許発明を実施するのを抑えることはできないが、業として実施できるのは特許権者だけに限られる。実施というのは、物の発明ではその物の生産・使用・譲渡・貸与・輸入・展示といった行為を含み、方法の発明ではその方法を使用する行為であり、物を生産する方法の発明の場合は、その方法の使用、その方法で生産した物の使用・譲渡・貸与・輸入などの行為である(特許法2条3項)。

　特許権者から実施の許諾を受けた者は、特許発明を業として実施することができる。通常実施権であれば、複数の人に重ねて許諾し、特許権者自身も実施することができるが、専用実施権の場合は設定を受けた人だけが実施の権利を持つ。

　実用新案権・意匠権・商標権もほぼ同じように、出願に基づく登録によって権利が発生し、実施権(商標では使用権)に通常と専用の区別があるのも同じである。

　これに対し、著作権は前記のように〔111.5〕、創作されることで当然に発生する。著作権についても登録の制度があるが、譲渡や質権設定を第三者に対抗するためなどに使われる。

114.2　2　企業の権利と個人の権利

　街の発明家といわれる人の多くは、個人で発明に打ち込んでいる。それ自体を生き甲斐にしている人もいるが、特許を取れば普通はそれを企業化したい。周りの人たちから出資を集めて会社を作

り、特許発明を使って事業を興すこともあるだろう。自分で実施するのが難しいなら、企業化してくれる会社を探し、そこへ特許権を譲渡するなり、実施権を設定して使用料を得る(ライセンス)ことになろう。

しかし、技術が高度に進歩した現代では、こういうケースは少ない。大がかりな機械設備を使い、莫大な費用をかけて、組織的な研究を重ねた結果、水準を抜く技術の開発にこぎ着けるのが、むしろ普通だろう。つまり、発明・考案などの多くは企業の中で行われる。発明や創作といった知的活動は個人の行為だが、他方それは企業の設備や資金を使い、給料を貰って職場で生み出したものなので、権利が誰のものか問題になる。企業のものに当然なってしまうなら、インセンティブが働かない。

特許法は、職務発明とそれ以外の発明とに分けて定める。職務発明というのは、従業員がその職務を行う中で生み出した発明であり、企業の業務範囲に属するものである。これについて従業員が特許を受けると、企業は通常実施権を持つことになる。企業と従業員との契約や就業規則によって、職務発明の特許権や特許を受ける権利を企業に譲渡するとか、企業に専用実施権を与えると定めている場合は、従業員が相当の利益(相当の金銭その他の経済上の利益)を受ける権利を持つ。職務発明以外の発明について、特許権や特許を受ける権利を企業に譲渡するとか、企業に専用実施権を与える旨を、あらかじめ契約や規則で定めていても、その条項は無効である。以上のことは、企業の役員、国や地方公共団体の公務員にも共通する(同法35条。同条6項の規定に基づく経済産業大臣のガイドラインがある[注1])。実用新案権・意匠権や種苗品種の場合も上と同じ扱いにな

る。これに対し著作権法は、契約・規則などで別段の定めをしていないと、職務著作については企業が著作者になると規定する(同法15条)。

注1　https://www.jpo.go.jp/seido/shokumu/shokumu_guideline.htm

第12章　競争と独占

1　休戦協定

1　カルテル

121.1

　競争は厳しい。企業は血のにじむような合理化努力で、よい商品・サービスを安く提供することにより、市場での生き残りを図る。いつライバル企業にマーケットを奪われるかわからない。角突き合わすのはやめにして、共存共栄、お互いもっと楽をしようじゃありませんか。どこかが言い出せば、残りの企業の賛同を得やすい。

　値上げはしたいが、自社だけがしたのでは売行きが落ちる。どの企業もそう思ってすくみあう。それよりは話合いで、皆一斉に値上げしましょう。これが価格引上げカルテルである。あるいは、在庫圧力や需要減退のため市況が軟化しているとき、どこかが値下げすると際限のない泥沼状態に陥りかねないので、一定価格以下では販売しないことを申し合わせる。価格は一番はっきりした競争手段であり、価格競争をなくすこれらの協定は、最も単純で典型的なカルテルである。工事の入札で建設業者がよくやる談合は、価格だけでなく、どの業者が今回受注するかも話合いで決める。

間接に価格に響くカルテルもある。市場に出回る商品の総量を抑えれば値崩れが防げるから、各企業の販売する数量を話合いで割り当てる。もう一段さかのぼって、各企業の生産数量を割当制にする。もっとさかのぼれば、生産設備をふやさないこと、現存設備の稼働率を抑えること、機械の一部を封印したり廃棄したりする申合せにも及ぶ。

　価格や数量に触れないで競争から逃れる方法もある。話合いで各企業の販売地域を割り当て、互いに縄張りを荒らさないようにすれば、自社の受持地区ではライバルの攻撃を心配しなくてすむ。売込先を分け合うことでも同じ効果が狙える。これらは販路協定と呼ばれ、やはりカルテルの一種である。

　同業者が集って組合なり別会社を作り、販売はすべてそこを窓口とすることを約束し合えば、上記の効果がすべて、しかも最も確実に実現できる。こういうのが共販カルテルであり、一番強力な形である。

　どれかのカルテルが成功すれば、企業は競争の重圧を免れて楽ができる。仲良く話し合うのだから、落ちこぼれる企業が出ないようなレベルに、価格その他を決める。合理化努力を怠り淘汰されるはずの劣等生企業も生き延びる。優等生企業は、競争状態のときより高い利潤を得ることができる。浮かばれないのは、高い代金・料金を払わせられる消費者である。公共工事が談合のため割高になれば、税金のムダづかいであり、納税者の負担がふえる。

　カルテルの狙いが、和の精神による共存共栄にあるといっても、それは企業のエゴである。消費者に不利益を押し付け、経済の発展を妨げるもので許されない。独占禁止法は、カルテルを不当な取引

制限と名付けて禁止している(私的独占の禁止及公正取引の確保に関する法律〔昭和22法54〕3条後段。定義は2条6項。あとを絶たない談合についての特別法として、「入札談合等関与行為の排除及び防止並びに職員による入札等の公正を害すべき行為の処罰に関する法律〔平成14法101〕)。

2　事業者団体

121.2

　上に述べたカルテルは、特定の商品・サービスについて、競争をなくすために関係企業が同盟を結ぶものであった。カルテルは業界団体がすることもある。1971年の第一次オイルショックの際、千載一遇の好機だと、石油連盟がガソリンなどの値上げや生産調整をメンバー企業に行わせ、関係者が一罰百戒と刑事告発され有罪判決を受けたのは、著名な例である(最判昭和59年2月24日刑集38巻4号1287頁)。各地の生コン業者組合が、価格を決め販売窓口を一本化するなどした事件がいくつもある。医師会がベッド数の制限などを決めた事件もある。

　たいていの業界には同業者の団体があり、親睦を図るほか、政府に意見を出すなど、業界に共通の利益を増進させる事業をしている。団体の活動がその範囲にとどまっていれば問題はないが、ともすれば競争を妨げる協調行動に走る危険がある。独占禁止法は、同業者の集りを事業者団体と呼び(同法2条2項に定義)、カルテルなど一定の取引分野における競争を実質的に制限することのほか、メンバー企業に再販など不公正な取引方法に当たる行為をさせたり、同業者の数を抑えるなど、事業者団体がしてはならない行為を列挙

している(8条)。

電気器具の差込みプラグや電池の大きさが、メーカーごとに違っては不便である。こういうものの規格は業界で標準化するのが望ましい。他方、一定価格より安い製品は作らないという取決めは違法である。事柄によっては適法・違法の境界が微妙だろう。公正取引委員会は、事例ごとの考え方を示すガイドラインを公表している(「事業者団体の活動に関する独占禁止法上の指針」〔平成7年10月30日〕[注1])。

3 寡占業界の同調的値上げ

新聞やビールなどは、いつもほぼ同じ時期に、同じ幅の値上げを繰り返してきた。これを話合いによって決めたのであれば、違法なカルテルになるが、協定が存在しない、または立証できないときは、公正取引委員会も手が出せない。

団栗の背くらべのような同業者が多数いれば、協定なしに皆が歩調を合わせることは難しい。やっと協定にこぎ着けても、大勢をまとめる話合いは隠しにくく、また協定破りが現れるなど、ほころびが出やすい。これに対し、同業者が僅かしかいない業界では、以心伝心で同一歩調をとりやすい。同業者の数が多くても、抜きんでて大きな企業が値上げすると、他の企業もそれにならう。同じ商品で安かろう悪かろうと思われては困るからである。

同業者の数が少ない、または少数の企業が市場の大きな部分を占める状態を、寡占という。こういう業界では、トップ企業の行動に

注1 http://www.jftc.go.jp/dk/guideline/unyoukijun/jigyoshadantai.html#cmsD27

他の企業が追随することが多い。価格面ではプライスリーダーとフォロウアーの関係になる。リーダーは業界の情勢をにらんで値上げ・値下げの時期や幅を決め、他の企業はそれに足並を揃えるのが得策だと判断する。どちらもそれぞれ独自の企業判断でそうするなら、違法な行動だとはいえない。しかし結果は、業界丸ごと横並びであり、カルテルと変わるところがない。

何か打つ手はないかと模索し、価格引下げや原価公表の命令などは無理だろうが、値上げの理由を報告させるのがよかろうというので、1977年改正に盛り込まれた。一定規模以上の高度寡占市場で上位企業が短期間に同程度の値上げをしたとき、理由の報告義務を負うとするものである（独占禁止法旧18条の2）。しかし2005年改正で、市場の価格を支配するような私的独占をした者にも課徴金を払わせることとしたのに伴い（後述〔124.2〕、この制度は廃止された。

2　ガリバーの脅威

1　大企業の横暴

122.1

小人の国リリパットに漂着したガリバーは、目がさめると縛り付けられていた。何をしでかすかわからない巨人と恐れられたためである。強大な力を持った企業がわがもの顔に振舞えば、市場の競争秩序は吹っ飛んでしまう。

力の強い企業が、販売店に圧力をかけてライバル商品を扱わせない、あるいはライバル企業に原材料を納入する業者には金融機関からの融資を妨害するなどのことがあると、競争相手は市場から締め

出され、競争のない市場になってしまう。力にものを言わせ、他の企業をむりやり自社の方針に従わせることによっても、市場からまともな競争をなくすことができる。独占禁止法は、こういう行為を私的独占と名付け、カルテルと並ぶ極悪行為に位置付けている(同法3条前段。定義は2条5項)。

　私的独占は、有力企業が他の企業の事業活動を排除または支配することによって、市場の競争を抑えてしまう行為である。これだけの要件を立証するのは容易なことではなく、これまで私的独占の規定を適用した例はそれほど多くないが、近年活発に運用されるようになっている。排他条件付取引とか拘束条件付取引など不公正な取引方法としてなら、公正な競争を阻害するおそれの段階でとらえることができるので、そちらの方がよく用いられる〔123.1〕。

　デパートが納入業者に値引きや返品を強要するとか、金融機関が融資の見返りに多額の拘束預金をさせるなどは、取引の相手方に対して自分が強い立場にあることを利用した弱い者いじめである。私的独占と違って、他のデパートや金融機関を市場から締め出すとか言いなりに操るわけではない。しかし、弱い立場の相手方にむごい取引条件を押し付けるのは、公正な競争と相いれない行為である。こういうのは優越的地位の濫用であり、不公正な取引方法の1つとして禁止される(独占禁止法19条。定義は同法2条9項5号)。

2　優等生企業の成長

　市場経済は優勝劣敗の世界である。よい商品・サービスを安く提供できない企業は競争に敗れ、淘汰されていく。とどのつまり、市

場には勝ち残った1社しかいないこともありうる。経済学はこれを独占と呼び、その弊害を教える。ほかに同業者がいても、その数が極端に少ないとか、トップ企業に太刀打ちする力のない弱小企業ばかりなら（超高度寡占）、やはりその市場にまともな競争はありえない。

　問題の1社は自由競争の勝者である。抜きんでた創意工夫をこらし、合理化努力を重ねた結果、力を蓄えてチャンピオンの座を獲得した。金メダルの表彰に値こそすれ、非難を受ける筋合はない。確かにそうなのだが、競争のない市場はやはり困る。この点は競争政策の泣き所である。

　独占禁止法は1977年の改正で、このディレンマを克服する決断をした。独占的状態の市場に競争を回復させる措置をとることができるという制度を設けたのである（同法8条の4。定義は2条7項）。これによって、企業の分割や事業の一部譲渡などを公正取引委員会が命じることができる。

　制度は設けたものの、これはいわば伝家の宝刀である。これまで抜かれた例はない。違法行為に対する制裁とは違うにしても、優等生を鞭打つようなものだから、誰でも納得するほどのひどい弊害がある場合だけ発動できるように、きわめて狭く限定している。公正取引委員会はガイドラインの別表において、発動の可能性がある超高度寡占分野を列挙している（「独占的状態の定義規定のうち事業分野に関する考え方について」〔昭和52年11月29日〕ほぼ隔年に改訂[注2]）。

注2　http://www.jftc.go.jp/houdou/pressrelease/h28/oct/161011_1.files/16101103.pdf

122.3　3　企業の政略結婚

　上に述べたチャンピオン企業は、自分の努力で内部成長を遂げた。もっと手っ取り早く企業規模を拡大する方法がある。買収・合併・提携などである。いわば手抜きの外部成長であり、市場の競争に悪い影響のないものは容認されるが、競争を制限することになるようなものや、不公正な取引方法によるものは禁止される。

　こういう判定をするには専門的な調査が必要である。また、合併などが終ってから元に戻すのでは混乱が大きい。そこで、公正取引委員会が事前に届出を受けて審査し、競争を損なう要因があればそれを取除く措置を命令できるようにしている。無届けでやってしまったり、審査期間が経過するのを待たずに実行してしまったものについては、それを無効にする手続を事後にとるほかない。会社による他会社株式の取得や所有、会社の合併、一部の会社分割、事業の譲受けや提携などについてはこういう制度の定めがある（独占禁止法10条・15条～16条）。

122.4　4　資本のつながり

　株式には議決権が原則として付いている（会社法308条）。株式をたくさん持てば支配できるのが株式会社である。これを利用して他の企業を傘下に組み入れ、市場での力を増大させることができる。極端な話、ライバル企業を支配するだけの株式を手に入れれば、両社間の競争は消滅する。市場の競争を制限することになるような株式の取得や保有は禁止されている（独占禁止法10条）。

銀行などの金融機関は、融資先に対して強い影響力を持っている。それに加えて株式による支配を強めたのでは、事業会社の自由な活動が抑えられてしまう。そこで銀行は、事業会社の総株主の議決権の5％(保険会社は10％)を超えて持つことを禁止されている(独占禁止法11条)。

　第二次世界大戦前の日本経済は、三井・三菱・住友・安田などの財閥が牛耳っていた。財閥本社は、株式を所有してグループ全体を統括する、持株会社であった〔51.3〕。株式の力を利用した究極の支配形態である。独占禁止法は、持株会社などの事業支配力が過度に集中するようになることを禁止するが(同法9条)、たくさんの子会社を持つこと自体は認める〔52.4〕。

　企業間のつながりは役員兼任によっても生まれるので、市場の競争を制限することになるような兼任は禁止される(独占禁止法13条)。実際には、株式の所有を基礎とせずに役員兼任が行われることは少ない〔51.4〕。

3　歪んだ競争

1　系列を固める 123.1

　メーカーが価格を指定して売らせる再販〔24.1〕は、販売店をがっちりつかんでいるときに押し通すことができる。流通系列〔21.2〕を固めるにはいろんな手段を使う。わが社の製品をたくさん売ってくれた店にはリベートを払う。同種商品の中でわが社製品の扱い比率が高い販売店にはさらに割増しする。広告宣伝に力を入れブランド

が確立してくると、品揃えに欠かせない商品と見る販売店が多くなり、もっと強く出ることができる。他社製品は扱わないという排他的特約店の契約を結ぶ。必ず客との対面販売をさせるとか、陳列棚の配置を指示するなど、拘束的な条件を付けて取引する。忠誠度の高い販売店はいろんな点で優遇するが、指示の守り方がよくない販売店には売れ筋商品の供給を減らすなど、相手によって差別を付ける。値引き販売をしたり、廉売店に商品を流したりするような販売店には出荷を停止する等々。

　このような手口が常に違法なわけではない。気に入らない相手とは取引をせず、こちらに必要な条件を相手が呑まないなら取引を控えることは、契約自由の原則から当然できるはずである。通常はそうでも、常軌を逸したやり方で、公正な競争を妨げそうな場合は放置できない。力の強い企業がごり押しすることによって、他の企業が自由な事業活動をやりにくくなることが問題である。市場の競争が制限されてしまわないうちに、そうなるおそれの芽を摘む必要がある。

　この種の行為は不公正な取引方法と名付けて禁止される（独占禁止法19条）。そのうち、違反に課徴金がかけられる行為は法で定義し（法定類型。同法2条9項1号～5号）、課徴金までかけない行為については、公正取引委員会の指定で決めることにしている（同法2条9項6号）。指定は告示の形で出ており、特定の業種や販売方法に関するもの（特殊指定）と、そういう限定のないもの（一般指定）とがある。あらゆる業種に通用する一般指定（「不公正な取引方法」〔昭和57公取委告示15〕）は、15項目の行為をかなり詳細に定めるが、それでも一般的な定めだから表現が抽象的なのは避けられない。実際

の運用に当たっての考え方は、公正取引委員会のガイドラインに示されている(「流通・取引慣行に関する独占禁止法上の指針」〔平成3年7月11日。最近の改正で大幅に変更〕[注3])。

なお、生産系列の1つである下請については前に述べた〔51.1〕。

2 欺瞞とオマケ作戦 123.2

「世界一うまいケーキ」といっても、それを真に受ける人は少ないだろう。これに対し、果物のカラー写真入りラベルの缶ジュースが色付き水だったり、「〇割引」価格のもとになる定価が現実離れの高い値で、結局たいして安くないことがわかれば、単なる宣伝文句だと笑ってすませない。これらは欺瞞(ぎまん)的な表示で客を釣る行為である。

商店街の歳末大売出しには抽選で景品が付く。大型店でも顧客を相手に同じようなことをしている。これが度を過ぎて、卵1ダースを買えば世界一周旅行が当たるとか、洗剤1本で乗用車を手に入れるチャンスなどということになると、世界一周や車に目を奪われ、必要でない卵や洗剤まで買ってしまう。本来売ろうとする商品の価格・品質によるまともな競争から、かけ離れてしまう。

上のような欺瞞的手段や度を越した景品で顧客を誘引する行為は、どちらも不公正な取引方法に該当する(不公正な取引方法8項・9項)。しかし、この種の行為については独占禁止法とは別に、「不当景品類及び不当表示防止法」〔昭和37法134〕(略して景品表示法また

注3 http://www.jftc.go.jp/dk/guideline/unyoukijun/ryutsutorihiki.html

は景表法)が制定されており、こちらの方がきめ細かい定めと迅速な対応を用意しているので、公正取引委員会はこちらの利用されることが多い。この種の行為は、どこかが始めると他の企業も負けじと上回る対抗策をとろうとし、際限なくエスカレートしがちである。しかも広い範囲の消費者が巻き込まれないうちにやめさせる必要が大きい。

　景品表示法に基づく公正取引委員会の告示は、景品金額の上限をかなり低く抑えていた。最近は、新規に参入しようとする企業、とくに外国企業にとって、この制限が足枷になっているとの批判があり、引上げが行われた。

　消費者庁が設置されたのに伴い、景品表示法の所管は同庁に移されたが、一部の権限は公正取引委員会に委任されている(同法33条)。

4　競争秩序を守る

1　独占の番人

　独占禁止法の運用を担うのは公正取引委員会である(同法27条1項)。これは合議制の行政機関であり、委員長も4名の委員も両議院の同意を得て首相が任命する(同法29条)。その下に事務総局のスタッフがいる(同法35条)。同委員会は内閣府の外局とされ、首相の所管に属しているが、職務の遂行については独立性を認められ、法務大臣の指揮権も及ばない(同法27条2項・28条・88条)。

　公正取引委員会は行政機関であるが、規則を制定することができ

(独占禁止法76条)、審判という裁判に近い手続を行う権限も備えていたが、平成25年改正により、審判制度は廃止された。立法・司法に準じる権限を持つ独立の行政委員会は、米国に多く見られ、第二次大戦後、これにならって多くの委員会が日本にも出来た。しかし、内閣の一体性に合わないとか行政の簡素化などの理由で、次々と消えていった。時の政権に影響されることなく、競争政策を公正に遂行する上で、公正取引委員会の独立性が重要なのに、上記改正によって影響を受けないか懸念される。

2　ルール破りの損得勘定

124.2

　独占禁止法に違反する行為をした企業などには、いくつもの制裁が待ちかまえている。まず、損なわれた競争を回復するため、公正取引委員会は違反企業に対して排除措置を命令する。カルテルであれば、協定を破棄し関係者にそれを知らせることなどが措置の内容である（同法7条）。

　公正取引委員会は、こういう命令の名宛人となる者に意見申述と証拠提出の機会を与えた上で（意見聴取手続）、文書によって排除措置命令を出す（同法49条〜60条）。違反行為が価格に影響するカルテルである場合とか、他の事業者の価格行動を支配したり他の事業者を排除したりする私的独占である場合は、売上高などから算出する課徴金の納付を命令する（同法7条の2第1項2項4項・62条1項〜3項）。排除措置命令や課徴金納付命令に不服のある者は、その取消しを求める訴訟を東京地方裁判所に提起することができる（同法85条）。排除措置命令を出す前に違反行為の継続・拡大を抑えるに

は、公正取引委員会が申し立てて裁判所に緊急停止命令を出してもらう(同法70条の4)。

独占禁止法には罰則の定めがあり(同法89条以下)、違反行為をした個人はもちろん、企業やその代表者も刑罰を受けることがある〔93.2〕。被害者から損害賠償を請求されるおそれもある〔95.3〕③。罰金と損害賠償に加えて、上記課徴金の納付を命じられることもある(同法7条の2・8条の3)。

124.3 　3　裏切りの功名

ユメ社は同業37社との協定に基づき、製品 PQ の価格を15％引き上げた。締結から約1年後に摘発され、ユメ社は製品 PQ の年間売上額26億円の10％に相当する課徴金2億6000万円の納付命令を受けた。38社は固く秘密を誓い合ったのに、大手イチヌケ興産の密告によることがわかった。業界団体会長であるイチヌケ興産社長は、春の叙勲を予定され、それをフイにしたくなかったからだと、同社営業部長がユメ社らに詫びを入れた。

公正取引委員会が調査を開始するより前に、違反行為の報告と資料の提出があれば、最初の申請者には課徴金を全額免除し、2番目から5番目までの申請者は、段階的に減額を認められる(独占禁止法7条の2第10項〜26項)。課徴金納付命令の対象となる違反行為は、カルテルの中でも価格に響く中核部分である(同条第1項。hard-core cartel)。これらの罪は公取委の告発が科刑の要件であり(同法96条)、課徴金の免除を決めた同委は告発を控えるだろう。違反企業が減免制度の恩典に浴するには、詳細な手続要件をクリアし

なければならない[注4]。

　課徴金減免制度(リーニエンシー leniency)は、不義理・裏切りを煽るもので、倫理の風上にも置けない。米国司法省が1973年最初に制度化した(1993年に整備充実)。欧州諸国や韓国・中国に次いで、日本は平成17(2005)年これに倣い、平成21年改正により拡充した。カルテルは密室で協議し、書面など証拠を残さないので、摘発が難しい。際限なく繰り返される違反に当局が業を煮やし、甘いご褒美に釣られて誰かがタレこみをしないかと仲間全員を疑心暗鬼にさせ、結束の内部崩壊を狙う。この制度はそれなりの効果を挙げているようである。法としての品位に疑問はあるが、規制当局の人員や予算の削減に結びつくなら、拍手を惜しむまい。

4　なぜ競争か

　国の経済を効率よく動かすにはどういう体制がよいか。戦時は統制経済であった。社会主義国は計画経済を進めた。これらは中央集権によって資源配分の序列を決めたが、権力の集中がもたらす独裁は民意から離れ、国民を幸せにしなかった。民主主義は権力の分散の上に成り立つのであり、その基盤になる経済は市場メカニズムによって動くものでなければならない。

　市場経済は競争がなくては動かない。独占・経済力集中は市場経済を殺す。和の精神、協調の美徳は、競争を否定することによってではなく、公正な競争を活かす枠組の中で追い求めるものである。

注4　http://www.jftc.go.jp/dk/seido/genmen/genmen.html 参照。

競争が事業者の創意を発揮させ、事業活動を盛んにし、国民の利益を高めることは、独占禁止法の目的規定(同法1条)がうたっている。

他方、独占禁止法の定めに対する適用除外制度も数多く存在する。独占禁止法自身の中にも、再販〔24.1〕などの定めがある。競争よりも高い価値を持つ目標を実現するためである。これは価値判断の問題であり、それぞれの適用除外制度を作った時の国会はそう判断した。現在も果たしてその序列でよいか、常に検証することが必要であり、適用除外制度を減らす方向での見直しが続けられてきた。

第13章　紛争解決と政府規制

1　訴訟社会と話せばわかる社会

1　救急車を追跡せよ

救急車がサイレンを鳴らして疾走する。その後を1台の乗用車が追跡する。猛スピードの2台が着いたところは交通事故現場。救急隊員らは被害者に応急手当をし、担架を車に乗せようとする。担架に横たわる被害者の耳元で、追ってきた乗用車の男が契約書を片手に話しかける。

「この事件は私にまかせて下さい。加害者から損害賠償を取り立ててあげます。訴訟になっても大丈夫です。万一敗けるようなことがあれば、報酬はビタ一文いただきません。勝ったら賠償金のX割の報酬を頂戴します。ここにサインして下さい」。

救急車追い(ambulance chaser)のこの話は、米国の弁護士を皮肉ってよく語られる。本当にこういうことがあったかどうかは知らない。あっても不思議でないところに、米国法曹界の特色と問題がある。

まず、弁護士の数が多い。日本の弁護士は3万6,000人(2015年3月31日現在)なのに対し、人口が約2.5倍の米国には約130万人の弁護

士がいる。弁護士は一般に高所得層であるが、これだけたくさんいると、中には切実に仕事を求めなければならない者もいる。広告・宣伝が解禁されると、飛行機で派手な宣伝をする者も出る。

次に報酬の構造。「敗ければ一文もいただきません」というのは成功報酬である。米国ではかなり極端なものもある。お蔭で貧乏人も弁護士の力をかりて権利を実現できる。その反面、訴訟はふえる。勝訴したときはガッポリ報酬を貰わないと引き合わない。

クラス・アクションという集団訴訟の形態がある。公害とか、欠陥商品の製造物責任など、同一の原因で被害を受けた大勢の人たちの訴訟を、まとめて面倒を見る。一人当りの報酬額は僅かでも、まとまれば大きな額になる。こういう訴訟の原告も、弁護士が発掘することがよくあるようだ。同じことは株主の代表訴訟にもいえる。

ワシントン駅前に連邦証券取引委員会（SEC）の本部ビルがある。いろんな届出書類を備置くそこの縦覧室では、いつも何人かの人がファイルを繰っている。アナリストや研究者もいるが、弁護士が多いそうだ。事件の種を探しているのだ。

SECは完全な情報開示を要求する。明るみで悪事は働きにくいという哲学に支えられている。都合の悪い情報を記載せずにおくと、違法だとして処分される。洗いざらい情報を盛り込んだ届出書類は、まさに事件の種の宝庫である。専門家の目で見ればとくにそうである。

何かおかしいところを見付けたとしよう。会社に損害が生じていれば、役員の責任問題に発展しないか、さらに詳しく調べる。事件になりそうだと見当をつけると、次は原告になってくれそうな株主を探す。株主を訪ねて原告になるよう説得する。役員が会社に対す

る義務に違反して損害を加えたから、それを会社に賠償せよという代表訴訟を提起させる。

　大企業を依頼人とするウォール街の弁護士たちは、こういう事件発掘型の弁護士を蔑(さげす)む。しかし、この種の事件が多いこと、巻き込まれないように会社が平素から予防に努めることが、ウォール街の弁護士たちにも仕事を提供し、羽振りよさの一助になっているのは皮肉である。

2　社長を出せ

　東京三宅坂の最高裁判所はモダンなビルである。その前で観光バスのガイドが、お上りさん相手に説明するときこう言うそうだ。「皆様のように善良な方は、こんな所のご厄介になることは一生ないでしょうが……」。おそらく、刑事被告人になることはあるまいと言っているのだろう。それにしても、一般市民には縁遠い役所、できるなら行かずにすませたい場所という、裁判所に対する感覚が現れている。宮沢賢治の「雨ニモ負ケズ」にも、訴訟をするような人になりたくないというくだりがある。

　もめごとが起きれば話し合う。それが難しければ、実力者を中に立てる。互いに譲り合って解決するのが美徳だと、日本社会では考えられてきた。裁判沙汰になった当人同士は、道で遭っても顔をそむけ合う間になってしまうことが多い。企業が作る契約書もたいていは大筋だけを定め、「問題が生じたときは両当事者の協議によって解決する」旨の条項を入れている。

　そうかと思えば、公害や労働争議などにからんで訴訟がよく使わ

1　訴訟社会と話せばわかる社会　155

れる一方、大勢が企業に押しかけて「社長を出せ」ともみ合う光景も度々報道される。社長に面会ができないと、集団で株式を買って株主総会に乗り込んで行く。話合いといっても、普通考えられているものとは様子が違う。

3 社会は動く

日本は単一民族の社会で、ものの考え方が比較的共通しているから、以心伝心で通じ合うのに対し、米国は多民族社会だから、こと細かに契約書を作り、争いになれば裁判で決着をつけるほかないといわれる。確かにそういう面もあるが、個人生活の独立を重視する度合の違い、それをもたらす宗教や生活様式の違いなども影響しているだろう。

また、どの社会もたえず動いており、ある時点の現象を見て固定観念を持つのは危険である。現在、日本の裁判所はどこもたくさんの事件を抱えて喘(あえ)いでいる。近所の　子供たちの世話をしている間に事故があると責任を問われるような、隣人訴訟も起こされる世の中である。企業の国際的な活動がふえるにつれ、契約書を重視する傾向が強まり、法務部などのウェイトが高まっている。

他方、訴訟社会といわれる米国でも、和解や仲裁など、裁判によらない紛争解決の方法(alternative dispute resolution = ADR)のメリットに目を向けるようになってきている。

2　裁判と裁判所

1　手続の流れ

132.1

　貸した金の返済や損害の賠償を求める、売買目的物の引渡しを求めるなど、一定のものをこちらへよこせという給付の訴えが最も多い。謝罪広告などある行為をせよ(作為)、妨害などある行為をするな(不作為・差止め)という請求も、この部類に入る。この土地は自分のものだと認めてほしい、あるいは相手がいうような債務などは存在しないことを認めろという、確認の訴えもある。さらに、新株発行が違法に行われたから無効だというようなことは、その趣旨の判決があって初めて決まることであり、このように法律関係を変えるのに判決が必要だと定められている場合に、それを求めてするのを形成の訴えという。

　これらの請求について判決をもらうには、その主張を書いた訴状を裁判所に提出し、定められた費用を予納しなければならない。こういう手続を全部自分でやってもよいが(本人訴訟)、弁護士に依頼し訴訟代理人になってもらうことが多い。裁判に勝てば、訴訟費用は敗れた側の負担になるが、弁護士報酬は各自が負担するのが原則である。

　訴えが法律の定める手続に違反する場合は、内容の審理に入らず門前払いされる(却下)。この場合は手続を整えて出直すことができる。内容の審理に入り、原告・被告両方の主張を聞き、証拠調べをした結果、民法・商法などの規定(手続法に対置させて実体法という)

に照らし、どちらの主張が正しいかを裁判官が判断して判決を出す。原告の言い分を認めるのが請求認容であり、認めないのが請求棄却である。一部認容もある。認容にせよ棄却にせよ、請求の内容について出された判決は両当事者を拘束し(既判力)、同じ争いを蒸し返して訴訟することは許されない(一事不再理)。

民事の裁判でイニシアティブを握るのは紛争の当事者である。田中さんが山田さんから100万円を返してもらう権利を持つ場合、裁判によって強制的に取り立てるか、そうしないで放置するかは田中さんの自由である(私的自治)。田中さんが山田さんにくれてやってもよいと思っているのに、国が勝手に田中さんに権利があることを宣言したり、山田さんに支払を命じたりすることはできない。「訴えなければ裁判なし」であり、訴訟が始まった後でも田中さんが訴えを取り下げれば裁判を続けることはできず、また、田中さんが60万円の支払を求めている裁判で、山田さんに100万円の支払を命じる判決をすることは許されない(処分権主義。広義の弁論主義)。

田中さんが山田さんに貸した100万円の返還を求めている訴訟で、山田さんが田中さんに対し名誉棄損の損害賠償責任を負うことを理由に100万円の支払を命じるような、当事者が主張していない事実をもとに裁判をしてはいけない。山田さん自身が田中さんから100万円借りてまだ返していないと認めるなら(自白)、裁判官はそれが事実と違うと思っても、山田さんが債務を負っていることを前提に裁判をしなければならない。さらに、当事者である田中さんと山田さんが申し出た証拠だけしか判断の基礎にしてはならず、裁判官が勝手に証拠調べをすることは許されない。これらのことも私的自治から導かれる原則であり、また、事実を一番よく知っているの

は当事者だから、このようにして裁判を進めるのが合理的でもある。まとめて(狭義の)弁論主義と呼ぶ。

2 裁判所と裁判官

132.2

日本の裁判は、多くの国と同じように、三審制をとっている。民事の訴訟は原則としてまず地方裁判所に提起する。その判決に原告・被告のどちらかが不服であれば、高等裁判所に控訴し、さらに不服な当事者は最高裁判所に上告することができる。もっとも、支払を求める金銭や引渡しなどを求める物の価額が140万円を超えない場合は、簡易裁判所に訴えを提起する(裁判所法〔昭和22法59〕33条1項1号。上告は高等裁判所にする。同法16条3号)。

簡易裁判所から始まる事件でも、訴訟の手続は地方裁判所から始まる事件の場合と同じであり、裁判に時間がかかる点は変わらない。ただ、金銭の支払請求でその金額が60万円以下であれば、少額訴訟という簡便な手続の迅速な裁判を求めることができる(民事訴訟法〔平成8法109〕368条)。これだと1回の審理で完了するのが原則であり、被告の資力などを考慮して、分割払いや支払猶予の判決をすることもできる。その代わり、判決に不服でも控訴は許されない(同法377条)。

裁判では、貸した・借りていないとか、返した・返していないなどの事実を証拠によって認定し、それに法律を適用して勝ち負けを決める。このうち、事実について審理をするのは第二審までである。つまり、上告の段階になってから事実認定が間違いだという主張はできない。しかも、最高裁判所が本当に重要な問題に精力を集

中できるように、憲法違反その他ごく限られた理由でしか最高裁へ当然に上告することはできず、判例違反や法令解釈の重要問題を含む事件として上告を受理するかどうかは、最高裁がまず手続問題として決めることにしている(民事訴訟法312条・318条)。

裁判官の大部分は、司法修習を終えた後10年以上判事補の職にあった人から任命されているが、検察官や弁護士から任命される例もある(法曹一元化)。事件に利害関係のある裁判官は除斥されるほか、公正な裁判を妨げる事情のある裁判官については、当事者が忌避することができる。他方、誰からも干渉されず、自己の信念に基づいて独立の判断を下すことができるように、裁判官の身分は保障されている(憲法76条・78条、裁判所法48条)。

最高裁判所には、15名の裁判官全員で構成する大法廷と、3つに分かれた小法廷とがある。憲法違反とか判例変更などの裁判は大法廷で扱う。大法廷・小法廷とも、裁判官の多数の意見に基づいて判決をし、結論に賛成できない裁判官は反対意見、結論は同じだが別の理由付けをする裁判官は補足意見とか意見を付記する。高等裁判所では原則として、すべての事件を裁判官3名の合議制で審理する。地方裁判所では、控訴など一定の事件を3名の合議制で扱うほかは、原則として単独の裁判官が審理する。高裁・地裁の合議裁判には、最高裁のように少数意見を付けることはしない。

3 裁判所の仕事

田中さんが山田さんを相手に起こした裁判に勝ったからといって、田中さんが自分で山田さん宅から財産を持ち出したりすること

は許されない。裁判所で判決の末尾に執行文を付記してもらい、執行官に頼んで強制執行をしてもらう。外国の裁判所が言い渡した判決については、日本の裁判所で改めて執行判決を得ることが必要である。山田さんが判決に従ってすでに支払をすませたのに重ねて強制執行されたとか、山田さん宅にあった佐藤さんの所有物が差し押えられたなど、強制執行をめぐる争いがあるときは、やはり裁判所がその処理に当たる。こうした強制執行や、質権・抵当権を実行するときの競売などについては、民事執行法〔昭和54法4〕が定めている。

　一方、長い時間をかけて裁判をしているうちに事情が変わってしまい、勝訴の判決をもらっても執行できない事態になることがある。例えば、どうせ負けて取られるならと債務者が財産を浪費して無資力になってしまうとか、争いの対象である物を譲渡して取戻しを難しくするなどである。このように正式の裁判の決着を待っておれないときは、仮差押えや仮処分といった保全命令を裁判所で出してもらうことができる。その手続や執行については民事保全法〔平成1法91〕が定めている。労働事件の多くは仮処分で片がついている。

　企業が倒産したときの処理手続にいろんなものがあることを前に見た。このうち破産[83.1]・会社更生[81.4]・民事再生[81.3]・特別清算[83.3]はどれも、公正な処理を確保するために裁判所が関与することになっている。ここでの裁判所の役目は、紛争当事者のどちらが正しいかで勝ち負けを決めるというよりは、むしろ行政監督のような仕事である。

　これに似た仕事はほかにもいろんな法律で定められている。例え

ば、裁判所が会社の解散を命令したり(会社法824条)、検査役を選任するとか、一定の事項について許可を与えるなどである。株式の価額を裁判所が決めることもある。これらは民事行政的な仕事であり、原告と被告が争う訴訟事件と区別して非訟事件と呼ぶ。非訟事件手続法〔平成23法51〕という法律が制定されている。裁判と違って非公開であり、裁判所が職権で手続を進める。

4 刑事の裁判

刑事事件は被告人の人権にかかわるものであり、多くの規定が人権を保障するために置かれている(憲法31条〜40条、刑事訴訟法〔昭和23法131〕36条・76条・146条、刑事補償法〔昭和25法1〕、刑事確定訴訟記録法〔昭和62法64〕など)。

刑事事件について公訴を提起するのは検察官である。犯罪の被害者は、告訴によって犯人の処罰を求めることができ、名誉毀損などのように告訴がないと起訴できない犯罪もある(親告罪)。告訴できる人以外が犯人の処罰を求めるのを告発という。独占禁止法違反の罪は、公正取引委員会が告発して初めて起訴される(独占禁止法96条)〔93.2〕。犯罪が成立する場合でも、検察官はあらゆる事情を考慮して不起訴処分にすることができる(起訴便宜主義。刑事訴訟法248条)。

刑事事件は、公訴が提起されるとすべて裁判で決着をつけるのであって、訴えの取下げのようなことはない。どの範囲のことを審理するかは裁判所が決めるし、検察官や被告人の請求などがなくても、裁判官が必要と思う証拠調べをすることができる。訴訟の進行

も裁判官が職権で取りしきる。こういった点で民事の裁判と異なるが、三審制であることや裁判官の除斥・忌避とか身分保障などは、前に述べたのと同じである。

3 裁判以外の紛争解決

1 和解・調停・仲裁など

133.1

裁判は、職業専門家である裁判官が、公正な手続によって紛争を終局的に解決する制度である。適法に訴えを提起すれば、相手方がそっぽを向いたままでも訴訟手続は進められ、出された判決の内容は国家権力によって実現される。その代わり、これだけ厳格な手続にのせて行うのだから、相当の時間とコストがかかる。解決の仕方も、法律に照らして勝ち負けを判定するものであり、引分けのような中間的な解決はない（過失相殺でそれに近い操作をすることはある）。

和解は、紛争の当事者が話合いによって紛争を解決する方法である。合意（契約）に到達するまでにお互いが譲歩し合うことが多い。裁判所の関与が全くない場合は（裁判外の和解、示談）、効力が完全ではなく、和解をめぐって紛争が蒸し返されるおそれがある。裁判上の和解なら、確定判決と同じ効力が認められ、紛争を終局的に解決する。これには、両当事者が簡易裁判所に出向いて行うもの（起訴前の和解。民事訴訟法275条）と、裁判の途中で両当事者が折れ合った結果を裁判所に陳述するもの（訴訟上の和解。同法264条～267条）とがある。いずれにせよ、相手方も乗ってこないことには合意に達することができず、和解は成立しない。

調停も当事者が譲り合って解決の合意を成立させる方法であるが、第三者が間を取り持って解決にこぎ着ける点が和解と異なる。裁判官を調停主任とする調停委員会が斡旋して、当事者間に合意が成立すると、裁判上の和解と同じ効力が認められる(民事調停法〔昭和26法222〕16条)。労働争議に関する調停は、労働委員会が調停案を示して解決を促すものであり(労働関係調整法〔昭和21法25〕26条)、単なる斡旋(同法13条)よりは一歩踏み込んだ解決方法として位置付けられている。公害をめぐる紛争についても、同じように斡旋と調停は区別されている(公害紛争処理法〔昭和45法108〕29条・34条)。

仲裁は、紛争の当事者が選ぶ第三者の仲裁判断に従うことを、あらかじめ合意しておく解決方法である。当事者が不満のある仲裁判断にも拘束される点で、和解や調停と異なり、裁判と共通するが、この方法によることが事前に合意(仲裁契約)されている必要がある点で、裁判とも異なる。取引の実務や慣習に詳しい仲裁人を選べば、実際に即した解決が得やすいので、国際取引では契約書に仲裁条項を入れておくことが多い[注1]。書面でするなど一定の要件をみたす仲裁契約がある場合に、当事者の一方がそれを無視して訴訟を提起しても、裁判所はその訴えを却下する。仲裁判断は確定判決と同じ効力を持つ(仲裁法〔平成15法138〕45条1項)。このほか、労働争議の仲裁は労働委員会が行い(労働関係調整法29条以下)、公害をめぐる紛争の仲裁は公害等調整委員会または都道府県公害審査会がする(公害紛争処理法39条以下)など、いくつかの法律に特別の定めがある。

2　苦情処理

　裁判や和解・調停・仲裁などは、程度の差はあっても具体的な紛争の解決を目指す。そこまで紛争が具体化する前の段階で、当事者の不満を解消ないし軽減させる方法に苦情処理がある。例えば、メーカーが手違いで欠陥商品を出荷したことを認め、任意に正常な商品との取替えや修理に応じるなら、紛争に至らなくてすむ。あるいは、当事者の知識不足のために、期待はずれだと不満を持って苦情を申し立てたが、説明を聞いて納得したような場合も、紛争には至っていない。もちろん、れっきとした紛争が苦情の形で持ち込まれることもある。この場合は解決の方法を教えるとか、何らかの斡旋をするなどの処理がなされる。

　消費者基本法〔昭和43法78〕は、事業者（企業）に消費者からの苦情を適切・迅速に処理する責務があると定め、国や地方公共団体が苦情の処理やその斡旋に努めるよう求めている（同法5条1項4号・19条）[注2]。公害については地方公共団体が住民の相談に応じるとか、苦情処理に必要な調査や助言などをすることになっている（公害紛争処理法49条）。このほかいくつかの法律が苦情処理について定めており、また行政上の苦情については行政不服審査法〔平成26法68〕の定める審査請求の制度がある（同法9条以下。国税に関する不服申立てについては、国税通則法〔昭和37法66〕75条以下）。

注1　一例として国際商業会議所の仲裁手続につき、http://www.iccjapan.org/icc-japan/qa.html 参照。
注2　国民生活センターの相談窓口について、http://www.kokusen.go.jp/category/consult.html 参照。

証券取引〔72.*〕や商品先物取引〔74.1〕のように、専門的な知識を必要とする取引については、金融商品取引業協会とか商品先物取引協会という業界の自主規制団体が、苦情相談室を設けて投資者らの苦情を処理している（金融商品取引法77条・77条の2、商品先物取引法259条以下）。欠陥商品についての苦情は、各地の消費生活センターが処理してきたが、製造物責任法〔95.3①〕が制定された後は、メーカーの苦情相談室による対応が活発なようである。それによって迅速に処理されることは望ましいが、欠陥商品であることが表に出ないというマイナス面もある。

4 規制と規制緩和

134.1　1　規制の目的

薬の副作用などのために被害を受けたときは、裁判その他の方法で救済を求めることになる。しかし、薬のように生命・身体の安全にかかわる商品については、そういう被害の出るようなものを作って売らせない事前の措置が必要であり、「医薬品、医療機器等の品質、有効性及び安全性の確保等に関する法律」〔昭和35法145〕はそのための規制について定めている。食品衛生法〔昭和22法233〕や消費生活用製品安全法〔昭和48法31〕なども同様である。

電気・ガスの供給、交通や通信などの事業に対する規制は、安全性を確保することのほかに、国民生活に不可欠な商品・サービスを、適正な価格で安定して供給させることも狙っている。銀行に対する規制は、経済活動の根幹であるカネの流れを支える信用秩序の

維持と、預金者の保護とを目的にしている。金融商品取引の規制は、投資者の保護を図り、それを通じて金融商品の取引が円滑に行われることを狙う。割賦販売・訪問販売・通信販売などの方法で消費者を食い物にする事件が相次いだため、一定の販売方法や勧誘方法については規制が加えられており、このほか弱い立場の消費者を保護する目的の立法は数多い(例えば訪問販売や通信販売等につき、特定商取引に関する法律〔昭和51法57〕)。さらに、中小企業を保護するために大企業の事業活動を規制する法律もある(例えば、下請代金支払遅延等防止法〔昭和31法120〕)。

　それぞれの規制が何を目的とするかは、その規制について定める法律の第1条に明記されていることが多い。上記の例からわかるように、安全の確保、経済活動の維持、弱者の保護などが規制の目的だといえる。憲法は職業選択の自由という表現で営業の自由を保障するが(憲法22条1項)、「公共の福祉に反しない限り」と限定を付けており、これらの目的による規制は公共の福祉に沿うものとして認められる。

2　規制の方法・手続

　規制の方法は2つに大別することができるが、ほとんどの場合その両方が併用されている。1つは開業規制であり、もう1つは開業後の事業活動や財務についての規制である。

　開業規制は、不適格な事業主体に営業を許すと危険な業種について、行政官庁が資格を審査し、適格と認める企業だけに開業を許す方法である。免許・許可・認可などの措置によってそれが示され

る。適格性の有無は、その事業を営むのに必要な知識・経験・資力を備えているかなどを審査して決める。開業後の活動を規制するために事業者をつかんでおくだけで、誰でも開業することを認める場合には登録制をとるが、登録と言いながら資格を審査して選別する場合もある。

　開業後の規制の1つは事業活動に対する行為規制である。差別的な扱いや詐欺的な取引方法など一定の行為を禁止したり、一定の取引条件によることや書面の交付などを強制したり、企業がある種の行為をするには事前に行政官庁の許可・認可・承認を得る、あるいは事後に届け出ることを要求するなどである。もう1つは財務についての規制であり、その事業を安全・適正に営むのに必要な資力を維持させるため、種々の制約を加える。これらの規制を守らない企業に対しては、期間を限った営業停止や役員の解任を命令するとか、甚だしい場合は開業の免許・許可・認可・登録を取り消すなどの制裁を加える。

　免許・許可・認可・登録などの申請があったときは、行政官庁は相当の期間内にそれを認めるかどうかの処分をしなければならず、いつまでも店晒しにしておくことは許されない。また、これらの申請の拒否とか免許等の取消しや営業停止など、不利益処分をするときは、聴聞・審問など弁明の機会を与える必要があり、処分には理由を付けなければならない。こういったことは個々の法律に定めてあるほか、一般的には行政手続法〔平成5法88〕が定めている。

3　行政指導

　行政官庁が従来好んで使ってきた規制手段に行政指導がある。これにもいろんなものがあるが、大部分は法律の根拠に基づかないで、相手方の任意の協力を求める行為であり、拘束力のないものである。本来はそうであっても、日本の風土でお上からあることを言われると、通常はそれに逆らえない。中には剛の者がいて断固はねつけると、別のところで嫌がらせをされた例もある。そういう次第で、行政指導は事実上、正規の行政処分と変わらない強制力を発揮してきた。

　行政指導にはメリットもある。法律に基づく正規の処分では、杓子定規の措置しかとれないのに対し、行政指導によれば弾力的な措置をとることができる。正規の処分だと明るみに出て、企業が面目を失うおそれがあるとの親心が働く場合もあったろう。しかし、これらは裏返せばすべてマイナス面であり、その問題点の方が重大である。行政指導では基準がはっきりしないし、正規の行政処分ではないから、不当な行政指導でも救済を求める道がない。行政官庁が行政指導をした事実そのものを否定することもあり、こうした不透明さが非難された。

　1993年に制定された行政手続法は、行政指導という手法を廃止はしないが、行政指導に従わなかったことを理由に不利益な取扱いをすることを禁止し、口頭でした行政指導については、相手方から書面の交付を求められれば原則として応じなければならないなど、いくつかの点でその利用に制約を加えた（同法32条〜36条の2）。

134.4　4　なぜ規制緩和か

　規制緩和(deregulation)が世界的風潮である。日本も例に洩れず多くの分野で規制緩和を進めつつある。ここでいう規制は、経済政策的な見地から加えられたもの(経済的規制)であり、安全や環境を守るためのもの(社会的規制)とは区別される。

　規制がそれぞれに有用な目的を持つことは前に述べた〔134.1〕。しかし、規制には大きなマイナス面がある。企業の自由な活動を制約し、創意工夫を発揮しにくくするなど、経済の効率を低下させるからである。規制によって国が経済の舵取りをするよりは、市場経済が機能しやすいよう自由な競争に委ねる方が、経済の効率を高め、国民全体の利益になる〔124.3〕。規制が導入された時にはそれなりに意味のあったものでも、通信事業のように技術革新によって競争原理が働きやすくなるとか、国際化など経済環境の変化によって規制が意味を失ったものもある。

　少し具体的に見よう。開業規制はその業界への新規参入を抑え、潜在競争の圧力を弱くする。運賃その他料金の規制は、価格競争をなくしてしまう。新商品の開発や新しい事業方法の採用を許認可にかからせることは、まさに創意工夫の芽を摘むものである。

134.5　5　規制緩和はなぜ進まないか

　規制緩和が唱えられ、政府が取組みを始めてから久しい。何度も緩和措置がとられ、そのたびに少しずつ規制は緩和されたが、未だに多くの規制が残っている。それぞれ理由はあるのだろうが、一般

的には次の構図が考えられる。

　規制緩和を要望する経済界自身が、自分の業界のことになると規制の存続を望む場合が多い。規制は既存の業者を競争の荒波から守ってくれる保護の傘でもある。最も効率の悪い業者も倒産しないですむように、行政が面倒を見てくれる。行政官庁は、規制を広げることで権限を強め、組織を拡大してきた。規制をなくすことは官庁の縄張りを削り、組織を縮小させることを意味する。組織の人としてこれは耐え難い。天下り先も確保できなくなる。

　国の財政赤字も限界を越えてしまった。規制コストが国民の大きな重荷になっていることの現れである。目下の急務とされる行政改革は、規制緩和と密接に連動する。それだけに、どちらも行政官庁の強い抵抗を受ける。思い切った規制緩和を進めると同時に、公務員の待遇を大幅に改善して天下りしなくてもすむようにし、その上で公務員の数を大きく削減して行政改革を断行することが必要である。

第14章　国際社会と企業

1　経済摩擦

141.1　1　日米構造問題協議とその後

　1990年前後に行われた日米構造問題協議において、米国は実に多くの制度や慣行を日本の非関税障壁に数え上げ、その撤廃を迫った。企業間の系列や大型店の規制などが日本における米国商品の販売を妨げており、日本企業を買収しようとしても、会社法その他の制度が利用しにくいと主張した。

　これを受けて、日本は大規模店舗の規制緩和や独占禁止法の運用強化、証券取引法による企業系列の開示、株主の代表訴訟や帳簿閲覧権、社外監査役などに関する会社法の改正など多くの措置をとったが、1993年以後も日米包括協議が続けられた。

　米国はこの種の外交をとくに強力に推進し、経済関係の密接な日本との交渉に力を入れてきた。程度の差はあるが、他の諸国との間でも経済の交流が進んでおり、それも貿易だけに限らず、広い範囲で国境の壁が低くなってきている。

2 貿易戦争 141.2

　かつて経済摩擦といえば貿易、それも商品の輸出入をめぐるものであった。原料価格や賃金の低い国から安い商品を大量に輸出し、輸入国の同種産業が打撃を受け、輸入制限などの対抗措置をとると、相手国はそれを乗り越える輸出攻勢や報復措置に出るという構図である。日本は明治維新以来、貿易による経済発展を目指し、繊維など軽工業製品から次第に重工業製品へと輸出を広げ、世界の各地で貿易摩擦を経験した。

　輸入を抑えるには、高い関税をかけるとか、輸入数量そのものを制限(極端には輸入を禁止)する方法がある。相手国は報復措置として、その国を対象に関税率を引上げたり輸入数量を制限する。高関税を乗り越えて輸出するには、一時的に赤字を覚悟してでもダンピングをするなり、自国通貨の為替レートを切下げて輸出価格を低くする。輸入国は対抗措置をさらに強める。こういうことが各地で反復されると、世界の貿易は窒息してしまう。

　第二次大戦の直前はこのような状況であった。これが大戦の遠因になったという反省から、戦後はそれを防ぐ制度作りに努めた。1つは自由貿易体制を確立するためのガットであり〔141.3〕、もう1つは各国が勝手に為替の切下げをしないようにするIMF体制である〔143.3〕。こうして世界の新しい経済秩序が一応出来たが、貿易摩擦は新しい形で再燃した。ガット・IMFの体制作りを強力に推進した米国が、経済に変調を来たし、外に向かっては強く市場開放を求めつつ、輸入については保護主義的な政策をとるようになったことによる。ダンピングの認定をかなり安易に行ったり、いわゆる輸出

自主規制を相手国に求めたりする。

輸出自主規制(Voluntary Export Restraint = VER)は、輸出国側が勝手に制限を加えたという体裁をとる。日本の場合は、通産省(経済産業省の前身)が輸出数量の上限を各企業に文書で指示し、各企業の輸出実績を外為法(外国為替及び外国貿易法〔昭和24法228〕)に基づいて報告させ、上限を超えるおそれがあれば、輸出貿易管理令〔昭和24政令378〕を発動し、通産大臣(経産大臣の前身)の承認なしには輸出できないようにする。米国が輸入を制限するのではないからガットに違反しない。また、日本政府の強制による輸出制限なので、日本企業が独占禁止法(反トラスト法)違反に問われることもない。

もちろん、この仕組みをとるよう働きかけたのは米国である。通商法301条やスーパー301条の脅しを背景に、輸出自主規制や日米構造問題協議などの二国間交渉を進めた。輸出自主規制は日米間以外でも行われたが、実質がガットの禁止する輸入制限であることは否定できない。

3 ガットとWTO

ガット(関税及び貿易に関する一般協定。General Agreement on Tariffs and Trade = GATT)は、1947年に協定され、翌年一部の国だけで発足したが、その後世界の大部分の国が加盟するようになった。この協定は、締約国が輸出入の数量制限などの措置をとることを原則として禁止し(11条)、国内での課税等について輸入品を差別しない内国民待遇を要求するとともに(3条)、ある国の商品にかけ

る関税を引き下げたときは、他のすべての締約国の商品も同じ扱いにするよう、最恵国待遇を義務付ける(1条)など、自由貿易の推進を図る多くの規定を設けた。これらの義務の履行を約束する国が加盟を認められるのであり、保護貿易主義をとる国は加盟できない。日本は1955年に加盟した。

　ガットは、多国間交渉(ラウンド)によって、貿易の自由化を進めることを重視する(25条・28条の2)。当初は関税引下げだけを議論したが、非関税障壁も扱うようになり、さらにサービス貿易・知的財産権や投資も取り上げるほか、輸出自主規制の禁止を明定することをうたうようにもなった。

　ウルグアイ・ラウンド(1986〜96年)では世界貿易機関(World Trade Organization = WTO)を設立する交渉も行った。もともとガットは、国際貿易機関(International Trade Organization = ITO)ができるまでの暫定措置として発足したが、ITOの構想が理想主義的にすぎるというので、設立提案者である米国を含む多くの国が批准をためらい、設立が立消えになったという経緯がある。WTOは、1995年1月1日発効の「WTO(世界貿易機関)を設立するマラケシュ協定」によって設立され、ガットを発展的に継承した国際機関だということができる。つまり、ガットがモノの貿易を対象としたのに対し、WTOはこれに加えてサービス貿易や知的財産権の貿易的側面も扱い、サービス貿易の一分野として金融サービスも対象としている。

2　国境を越える企業

1　日本国内の外国企業

外国企業は、さまざまの形で日本に入ってくる。商社などを通じて単にその製品を日本市場へ輸出するだけの場合もあれば、日本企業を代理店などとして利用し、販売その他の事業活動を行うこともある。日本市場にもっと定着するには、支店や子会社を設けることになるが、これには相当の固定コストがかかる。代理店などを利用すれば、仕事の量に応じて手数料を払うだけですむし、日本の顧客をつかみやすいこともあろう。

外国企業が日本国内で継続して取引をするには、日本での代表者を定めて外国会社の登記をしなければならず(会社法817条1項・933条)、この登記前に外国企業がした取引については、それをした個人も責任を負う(会社法818条)。外国企業の日本代表者は、日本での取引について包括的な権限を持つと見られ、それを制限していても、取引相手方が制限を知らなければ、企業が責任を免れることはできない(会社法817条2項・3項)。

外国企業が日本に設けた子会社もたくさんある。既存の日本企業の株式を取得し議決権の過半数を握って子会社にした場合はもちろん、外国企業が出資して子会社を設立した場合も、それは日本から見て内国会社である。会社法は外国会社について定めるが(817条以下)、内国会社と外国会社を区別する基準を定めていない。一般には、どの国の法律に従って設立されたかによって決めている(設立

準拠法主義)。外国企業によって支配されている内国会社を外資系企業と呼ぶことが多い。

しかし、内外の区別の仕方は法律の目的に応じて一様ではない。例えば、電波法〔昭和25法131〕は、日本の法律に従って設立された法人でも、役員の1／3以上とか代表者が外国人であったり、議決権の1／3以上を外国人などが持つものを外国法人と同列に扱い、無線局の免許を与えない(同法5条1項)。また法人税法〔昭和40法34〕は、日本国内に本店のあるものが内国法人、それ以外が外国法人だと定義するが(同法2条3号・4号)、外国法人でも日本国内で挙げた所得があれば法人税を納める義務があると定める(同法4条3項)。

開業について免許等が必要な規制産業の場合〔134.2〕、外国企業が日本でその事業を営むには、日本に設ける支店について免許等を受けなければならない(例えば、銀行法〔昭和56法59〕47条)。しかし、調査や情報の収集・提供をするだけの駐在員事務所は、届出さえすればよい。

2 日本企業の海外進出

142.2

日本企業の海外進出も、外国企業が日本に入る場合と同じように、さまざまの形態をとる。支店の設置には取締役会の決議が必要である(会社法362条4項4号)。現地に子会社を設立するには、その国の法律に従ってしなければならない。

日本企業がM&A(mergers and acquisitions: 合併・買収)によって外国企業を手に入れることがよくある。ここにいう合併は、2つ以上の会社が1つに合体してしまうものに限らず、相手企業の株

式を多数取得して、自分の支配下に入れる場合も広く含む。事業の譲受けなども、企業規模を拡大する戦略の1つでここに入る。公開買付け(TOB=take over bid)も同様であり、株式が多数の株主の手に分散している会社を取得するのに便利である。つまり、株主全員に呼びかけて、一定の期間内に提供された株式を一定価格で買取る方法である。申込みに対する応募が少なく、支配を握るのに必要な数の株式に達しないときは、いっさい買付けしないことを条件にしておけば、ムダな資金を使わずにすむ。日本国内で行われる公開買付けについては、金融商品取引法27条の2以下の定めがあり、規制の内容は国によって異なるが、大筋はこれに似ていると考えてよい。

142.3　3　貿易と海外生産

　日本は、原材料になる資源を輸入し、それを加工して作った製品を輸出する形の貿易を中心に、経済を発展させてきた。これとは別に、海外での現地生産もかなり以前から行っている。現地生産の方を選ぶ経済的要因には、現地の労働力が安いとか、販売先に近い所で作ると輸送コストを節減できることなどがある。政策的要因としては、前記の貿易摩擦〔141.2〕を避けるためとか、現地政府が現地での雇用や部品調達を求めるなどの事情がある。最近はこの現地生産が飛躍的に増えた。円が強くなった(円高)せいである。

　1993年に入って円高が急速に進み、ドル建ての輸出で手に入る円が著しくしぼんでしまった。ドル建てで買う輸入原料は安くなるが、人件費や国内調達の原材料の比重が大きい製品は、海外の市場

で競争に勝つことができない。日本で作って輸出するのが難しいとなれば、生産の拠点を海外へ移すほかない。その上、円高で安い製品がどんどん輸入されると、日本市場でも外国製品との競争に勝てないから、これを克服するためにも、生産は人件費などの安い外国で行い、それを日本に逆輸入することが必要になる。さらに、仕事がきつく、危険で汚れのひどい職場は若者から敬遠されるので、労働力を確保すること自体が難しく、海外へ出て行かざるをえない。これらの事情が重なって、生産活動を海外に移す企業が多くなった。東アジア諸国への加工組立産業の進出を中心に、この現象が顕著に見られる。

現地採用の従業員との雇用契約も、その私法的な面については、使用者（企業）と従業員との合意で日本法によると定めることができるが、労働者保護のために出先国が制定した強行法規は必ず適用される。また、現地従業員との労働関係は、現地の法律に従うことを前提に結ばれるのが通常であろう。

日本の従業員が海外に短期間出張するだけの場合は、国内勤務の延長と見ることができ、労働基準法をはじめ日本の労働法による保護が続く。その域を越えて駐在とか出向になると、単純に国内勤務の延長と見ることはできないが、雇用関係は引き続き日本法に従うと当事者が考えるのが普通だから、当事者の自治が許される範囲では、海外勤務中も日本法の適用が続く。しかし、行政監督が主な内容になっている法律が、日本国外でも適用されると考えるのは困難である。

海外での生産活動についてはこのほか、現地の安全基準や環境基準を守らなければならないことは当然である。

3 国際的な資金移動

1 決済の仕組み

貿易取引には商業信用状(letter of commerce = L/C)を使うことが多い。信用状は銀行が発行するもので、銀行の信用を利用して貿易決済を確実にする仕組みである。輸出業者は代金を取り立てるための為替手形を振り出し、船荷証券(bill of lading = B/L)などの船積書類を添えて、自分の取引銀行経由で信用状の発行銀行へ送る。発行銀行はこの手形の支払・引受けまたは買取りを約束している。輸入業者が代金を支払えば引換えに船積書類を渡す。船積書類がないと輸入業者は海運会社から輸入貨物を受け取ることができない。

信用状の発行銀行は代金を輸出業者の取引銀行に送金するが、現金書留で現ナマを郵送するようなことはしない。銀行間のネットワークを利用して振込みなり振替の方法で資金を移動する。貿易代金以外の決済、例えば融資資金の供給や返済、出資金や配当金の送金、特許使用料の支払など、すべて同様の方法による。

最近は、コンピュータ通信による送金(electronic funds transfer = EFT 電子資金移動)の方法がよく用いられる。大阪のユメ社が自分の取引銀行であるヨドヤ銀行に依頼して、シカゴのドリーム社宛に同地のソックス銀行経由で10万ドルを送金する例を見よう。ヨドヤ銀行は、ユメ社の預金口座から10万ドル相当の日本円(と手数料の合計)を引落す。ヨドヤ銀行が預金口座を持っているソックス銀行に指示して、そこにあるヨドヤ銀行の口座からドリーム社の預金

口座へ10万ドルを移してもらう。

　ドリーム社がユメ社に10万ドル送金することをソックス銀行に依頼した場合、ソックス銀行はドリーム社の預金口座から10万ドルを引き落し、同行にあるヨドヤ銀行の口座に10万ドルを振り込み、そのことをヨドヤ銀行に通知する。通知を受けたヨドヤ銀行は、ユメ社の預金口座に10万ドル相当の日本円を振り込む。ソックス銀行がヨドヤ銀行に日本円の預金口座を持っていれば、ヨドヤ銀行にユメ社口座への振替を指示することもできるが、日本円はドルほど広く使われていないので、この方法をとる場合は少ない。

2　ネットワークは大丈夫か

　銀行間では上のような取引以外に、いろんな取引が頻繁に行われる。一時的に資金が窮屈になった銀行は、余裕のある銀行から短期の借入れをし、取引先にドルを売って手持ちのドルが減れば、ふえた円でドルの買埋めをするなど。銀行間の決済も、上に述べたのと基本的には同じ方法で行われる。主要国には銀行間をコンピュータで結ぶネットワークがあり、中央銀行を通じて集中的に決済できるから、送金する銀行が相手銀行に預金口座を持っていなくても、そこへつなぐことによって決済をすることができる。

　銀行は毎日多数の銀行を相手に、資金を送ったり受け取ったりする取引を繰り返すから、個別に決済するようなことはせず、中央銀行に各銀行が持つ預金口座の上で、まとめて一斉に決済する方法をとる。各銀行は、自分が受け取る資金の合計と支払う資金の合計との差額（帳尻）だけを、毎日決まった時間に、それがプラスなら口座

に追加してもらい、マイナスならそこから引いてもらう。

　システムに参加している銀行のうち、どこか1つ払えない銀行が出たときは、その銀行がしたいくつかの取引を除去するだけでなく、相手方になったすべての銀行の帳尻を計算し直さなければならない。その上、倒産銀行に対する債権はほとんど回収できないのに、債務の方は全額取り立てられる。損失が1銀行の負担に耐えないほど巨額であれば、連鎖倒産を呼び、ドミノ現象の恐れは世界的な信用不安を招く。システム・リスク(systemic risk)と呼ばれる問題である。このような事故は、1974年のヘルシュタット銀行事件のほかいくつか起きている。さらに、コンピュータ操作のミスとか、違法に操作して資金を騙し取る犯罪などの問題もあり、適切な立法が望まれる。

　ヘルシュタット銀行事件を契機に、国際決済銀行(Bank for International Settlements = BIS)という各国中央銀行の集まりが、銀行の国際的な監督のあり方について協定を作った。また、銀行が各種のリスクに曝されている事実を直視し、それに耐えることのできる財務体質を保つのに必要な、自己資本比率や流動性比率等の基準についても定めている(BIS規制＝バーゼル合意Ⅰ(1988)、同Ⅱ(2004)、同Ⅲ(2010)。上記銀行の常設事務局であるバーゼル銀行監督委員会が策定)。

3　国際通貨基金

　1944年7月、米国ニューハンプシャー州ブレトン・ウッズに連合国代表が集まり、2つの協定を結んだ。その1つブレトン・

ウッズ協定に基づいて、1947年に国際通貨基金(International Monetary Fund = IMF)が発足し、加盟国は固定為替相場制をとることを約束した。日本は1952年に加盟し、IMF協定を守って永らく1ドル360円の為替レートを続けた。しかし1960年代には、各国の経済力の差が国際収支の不均衡を大きくし、弱い通貨は売られ、強い通貨が買われる実態とそぐわなくなった。英国ポンドやフランス・フランを切り下げ、ドイツ・マルクを切り上げるなどしたが対応しきれず、1971年のスミソニアン協定では、従来の体制を続けることを断念した。1973年に為替市場の閉鎖やドル10％切下げなど、通貨不安がどうしようもなくなり、多くの国が変動為替相場制に移行した。それ以来、為替レートは市場の動きにまかせられている。

　IMFが1970年に作ったSDRは、金によって価値が決められているが、金との交換はできない。特別引出権(special drawing right)の名が示すように、IMF加盟国の外貨事情が悪くなったとき、IMF準備資産から引き出す権利(これは元からある)とは別に、新たに設けた特別会計から引き出して外貨準備の多い他国の口座に移し、その国から外貨を受け取る権利である。この特別会計は加盟国の出資によって形成され、各国は出資額に応じて特別引出権を持つ。この会計を設けたり追加したりするとき、通貨と同じようにIMFがSDRを発行するという。SDRは、主要5か国の通貨を加重平均して決められるので、どこか1国の通貨にくらべその価値が比較的安定している。そこで条約によってSDRを国際的な計算単位として使うことがあり、民間の大型取引でもそうすることがある。

4　国際化する企業組織

144.1　1　外国人取締役・外国人株主

　日本企業と提携をした外国企業が、取締役や執行役などを派遣することがある。また、日本の会社に外国人株主がいることは珍しくない。日本企業が外国の証券取引所に株式を上場すれば、外国にも大勢の株主ができて当然である。積極的にそうしなくても、株式が日本の市場で流通している限り、外国の投資者もそれを買い付けて日本企業の株主になる。年金基金など機関投資家は、分散投資のために日本株もよく買い付けている。

　日本企業は、外国在住株主に日本国内の常任代理人を選任するよう求め、株主宛の通知や配当金などを常任代理人に送っている。そのあと株主に届かないことがあっても、株主と代理人の間の契約上の問題として処理されることになる。

　取締役会の会議に何語を使うかは自由だが、出席者の全員一致がなければ、日本の会社では日本語を使うことが必要だろう。取締役会の議事録は、会社設立の時に作った最初の定款(原始定款)、または株主全員の一致で変更した定款に定めれば、外国語で記載してよいが、登記所その他の官庁に提出するときは、日本語訳を要求される。

2　合弁会社

144.2

　日本企業と外国企業が資本を出し合って、合弁会社を作ることがよくある。出資企業をパートナーと呼ぶ。パートナーは2社とは限らず、日本側・外国側どちらかまたは双方が複数のこともある。

　パートナーの間に取引上・経営上の提携があり、それを実行する手段として合弁会社の形を使う。実行しようとする事業提携は、一本の契約で決めることもあるが、合弁会社の設立・運営、技術提携、商標の使用、製品の販売など、事項別にいくつかの契約にすることが多い。まとめて合弁契約(joint venture agreement)と呼ぶ。

　合弁会社の設立手続や運営については、それを設立する国の会社法が適用される。その会社法が任意に変更してよいと認める範囲内でしか、会社法の内容と違うことを定款に定めることはできない。合弁契約で決めた通りの定款を作っても、会社法に違反すればその定款規定は効力を認められない。

3　多国籍企業

144.3

　多国籍企業(transnational corporation = TNC；multinational enterprise = MNE)という言葉がよく使われるが、これに確定した定義があるわけではない。多くの人が考えているのは、たくさんの国に子会社群を抱え、世界的な規模で企業戦略を展開する、巨大な結合企業体のことである。子会社が現地法人であり、それぞれの国に定着して事業活動を行っていることが、多国籍企業の特徴であり、その名前の由来でもある。自然人のように二重国籍・三重国籍の会社がある

というわけではない。

　本国にある親会社の指示を受けて、現地の子会社が相当規模の企業活動をする場合、雇用・地域開発・通貨などの面で受入国の経済に少なからぬ影響を及ぼす。発展途上国が受け入れる場合はその影響がとくに大きい。逆に、海外子会社の行動を本国政府が規制しにくいために、本国の経済政策を遂行する上で支障が出ることがある。そこを無理に規制しようとすれば、域外適用だとして受入国との間に摩擦が生じる。さらに政治問題化して、発展途上国は、先進国との貧富の格差が多国籍企業のためにますます拡大したと主張する(南北問題)。

　多国籍企業問題がクローズアップされたのは、1960年代にアメリカの大企業が西ヨーロッパや日本に進出した頃からである。そこでの問題は、巨大企業の制御が難しいという、一国内でも起こりうるのと同根のものである。これに対し途上国の場合は、そこに進出する企業が巨大でなくても、先進国からの直接投資のあり方をめぐって問題を生じた。資源を一次産品のまま持ち帰り本国で加工・製造するため、途上国は付加価値の分け前に与ることができず、太るのは先進国ばかりだというわけである。それに加えて、経済の規模が小さい途上国にその何倍もの巨大企業が進出した場合は、企業の一挙手一投足によって国の経済が影響され、国の政治まで動かされることがある。

　1970年代半ばから、多国籍企業の活動を規律する試みが、国際連合を舞台にくりひろげられた。個別の問題について、委員会や専門機関の報告書とか提言などはいくつか出ているが、全般的な行動指針(Code of Conduct)となると、先進国と途上国の利害が対立し、

まだ作成されるには至っていない。経済協力開発機構(OECD)は1976年に多国籍企業行動指針を策定し、2011年まで5回改訂されている。これは主に先進国の立場からの指針であるが、OECD加盟国以外にも若干の国が参加している(外務省ウェブサイトに掲載の日本語仮訳版[注1])。

5　税金と国境

1　課税は一度でたくさん

法人税の納税義務を負うのは、内国法人と、日本国内で挙げた所得のある外国法人である。裏返しにして、これと同じ方針で外国例えば米国が課税すると、日本企業は米国で挙げた所得について米国で課税されると同時に、その所得も含め、内国法人だというので日本の法人税を課される。米国企業は、日本で挙げた所得について日本の法人税を払い、なおかつその所得も含め米国で課税される。

こういう二重課税を避けるために、租税条約が結ばれている。これは二国間条約であり、相手国によって調整の仕方は同じではない。国際連合と経済協力開発機構(OECD)がそれぞれ条約のモデルを作っており、それらをもとにして租税条約の交渉が行われる。

日本が租税条約を締結した相手は約65か国である。それ以外の国との間では二重課税が起こる。条約がある場合でも、調整の方法によっては二重課税が完全にはなくならない。そういう場合は、外

注1　http://www.mofa.go.jp/mofa/gaiko/csr/pdfs/takoku_ho.pdf

国で支払った税金の額を、日本で支払う税金から控除するなどの方法で調整する。

2 節税はどこまで

世界には企業にかける税金が非常に軽い国、極端にはゼロの国がある。バハマ、ケイマン諸島、オランダ領アンティル諸島(キュラソー)、リヒテンシュタインなどが有名であり、スイスやルクセンブルグも税率が低い。こういう国はタックス・ヘイブン(tax haven 税金避難所)と呼ばれる。

タックス・ヘイブンのどこかに現地法人としてペーパー・カンパニーを作り、そこに利益を溜め込むことがよく行われる。移転価格(transfer pricing)といって、取引をペーパー・カンパニー経由の形に仕組み、ペーパー・カンパニーだけに利益が出るように価格を操作する手口などを使う。税務当局もさるもの、独立企業間価格に引き直して、日本企業の課税所得を計算する(租税特別措置法〔昭和32法26〕66条の4・66条の4の2。移転価格税制)。このほか、タックス・ヘイブン対策税制といって、税率の低い国に作った子会社が独自の事業をしていない場合に、そこに溜めた留保利益を日本企業の持株比率に応じてその所得に合算する封じ手も用意されている(同法66条の6)。

第15章　企業法の生い立ち

1　バビロンからビスマルクまで

1　万民法と慣習法　　　　　　　　　　　　　　　　　　　　　151.1

　取引は古代からあった。国家が成立し貨幣に権威が認められると、商取引は加速的に発達し、商人の活躍が盛んになる。バビロニアやギリシャにはすでに銀行もあった。ことに大ローマ帝国においては、古代資本主義とも呼ばれる経済の隆盛を経験し、大勢の外国人が往来して交易も盛んであった。オリエントの影響を受けて発達した制度も多い。

　しかし、一般法から区別された商法は古代にはなかった。一般法が十分に弾力的であり、商取引の需要をまかなうのに不便はなかったからである。ことにローマでは、ローマ人の間だけに適用される市民法とは別に、外国人の間やローマ人と外国人の間に適用される万民法が発達し、これが交易を処理するのにふさわしい内容を持っていた。奴隷制度が経済の中で重要な働きをしたから、会社のような共同企業も余り必要とせず、個人商人が大きな事業を営んだ。共同するのは、せいぜい組合くらいであった。

　海運はフェニキア人などの活躍で古くから発達し、それに伴って

海事に関する慣習法が形成されていった。紀元前4世紀頃から行われていたロードス島の海法には、共同海損（商法788条以下）の起源と見られる制度もあった。室町時代の廻船式目にも投げ荷の定めがあるが、同じ制度は日本でももっと古くからあったと思われる。しかし、商法の先駆をなす海商法も、慣習法が集大成され飛躍的に発展するのは、中世に入ってからのある。フランス西海岸にあるオレロン島の海法なども11世紀頃に出来たといわれる。

151.2　2　ベニスの商人

中世に入ると、ベニス、ジェノバなど地中海沿岸都市が勃興した。そこでは商人のギルド（同業者組合）が次第に自治権を得るようになり、裁判権まで握って商人の慣習法を確立させた。つまりそれは商人の階級法であった。現在まで続く重要な制度には、この頃に起源を発するか、質的な展開を見たものが多い。

当時の定期市に各国から商人が集まった。商人が遠くへ送金するには、両替商にその地の通貨を払い、目的地で現地の通貨を払ってもらう約束の書かれた公正証書の交付を受けた。両替商はこれに添えて、目的地の両替商仲間に宛てた文書を渡し、2枚合わせて呈示すれば支払が受けられるようにした。あとの文書が独立し、発達して為替手形になった。中世には教会法の力が強く、利息禁止の教理を強制し、それを潜る働きをする約束手形は許されなかったので、もっぱら為替手形が利用された。

3　冒険商人たち　　　　　　　　　　　　　　　　　　　　　　151.3

　中世の商業都市では海上冒険貸借が行われた。貿易業者が船と積荷を担保に資金を借り、無事に航海を終えれば元本に高利を付けて返すが、航海中に事故に遭えば、いっさい返さなくてよいという契約である。これも教会法の利息禁止に触れないよう貸金の形を避け、船が沈めば資本主は貿易業者から船と積荷を買い取って代金を払うが、無事に航海が終われば売買は解消することを約束し、危険負担料を手附の名義で前払いさせた。これが保険の起源である。

　海上冒険貸借が利息禁止に触れるのを避け別の工夫もなされた。資本主と貿易業者が組んで事業を行い、収益の分け前に資本主があずかるという方式である。そのうち、資本主が表に名を出さない方式が匿名組合〔43.2〕となり、資本主も貿易業者とともに名を出すが、一定限度までしか債務に責任を負わない方式が合資会社〔43.3〕に発展した。

　合名会社〔43.3〕の起源も中世イタリア・ドイツの商業都市にさかのぼる。父親が営んでいた事業を相続した子供たちが、共同でそれを行ったのが始まりである。のちに親族でない者も参加するようになった。アウグスブルクのフッガー家は合名会社の形で手広く事業を営んだ。

4　東インド会社　　　　　　　　　　　　　　　　　　　　　　151.4

　株式会社〔43.4〕の登場は少し遅れ、近世に入る。1602年に香料貿易のため作られたオランダ東インド会社が第1号だとされる。そ

れまでも多くの小会社が東方貿易をしていたが、それらが大同団結して議会から特許状をもらい、東方貿易の独占権を得た。この形態が植民地を持つ他の諸国に普及した。

最初はこのように、1つの会社を作るごとに国王か議会が勅許する方式(特許主義)をとっていたが、近代国家の成立とともに法制が整備され、それに則って許可さえ受ければ株式会社を設立できるようになった(免許主義)。

18世紀初期の英国において、大勢の市民から資金を集め、いかがわしい会社を作る事件がいくつもあった。代表的なサウスシー会社の名をとって南海泡沫と呼ばれる。これに対処するため、株式会社を禁止する法律(泡沫条例：Bubble Act)が制定され、1世紀以上にわたって株式会社の発展を妨げた。

しかし、資本主義の発展は有限責任の会社を必要とし、英国を含めどの国でも株式会社の増大が著しかった。19世紀後半には、一般的な会社法を制定し、それに従えば誰でも自由に会社を設立できるようになった(準則主義)。

5　ナポレオン法典

地方分権的な封建制度が崩れ、中央集権国家が成立すると、地方ごとにばらばらであった慣習法を統一する成文法作りに乗り出した。最初のものはフランス・ブルボン王朝のルイ14世が1673年に制定した海事条例である。1681年にはコルベールの影響下に海事条例ができ、オランダ、スペイン、プロシャなどもこれにならった。

しかし、近代商法の成立は1807年のナポレオン商法典(Code de commerce)を待たなければならない。フランスは1804年すでに、スタンダールが名文と讃えた民法典を制定しており、国威の発揚と内容の優秀さによって、この2法典は多くの国に継受され、あるいは影響を及ぼした。征服の夢破れ寂しく息を引き取った後も、ナポレオンの名はブランデーと法典に輝いている。

　この商法典が画期的とされるのは、フランス革命の自由平等思想を体現したからである。商行為を中心に規定し〔14.2〕、誰でもそれを行う者に商法を適用することで、商人階級法から脱却した。僅かながら株式会社に関する規定も入っていた。

　ドイツも連邦国家時代に作った商法典はナポレオン法典にならったものだが、1871年にドイツ帝国が成立してから、精緻な法理論に基づく新しい民法典・商法典を作った(どちらも1900年施行)。この新商法典はナポレオン法典の商行為主義の行き過ぎを改め、大規模経営なら事業内容が商行為でなくても商人とする。整然とした体系を誇るこの法典は、多くの諸国に強い影響を与えた。

　英国およびそれを受継いだ米国の私法は、もともと判例の集積を中心とするコモンロー(common law)であった。会社、手形・小切手など個々の分野には早くから制定法が作られたが、まとまった商法典は持っていない。しかし、内容が実際的なこと、世界にはためくユニオンジャックの威光、大きく伸びた米国の経済力を背景に、英米法が影響を及ぼした範囲はきわめて広い。

2 文明開化の新立法

152.1　1　第一の黒船とお雇い外国人

　日本にも古くから貨幣があり(中国から輸入した貨幣もあった)、著名な商人もたくさんいた。取引が盛んになるにつれ、各種の商事制度もそれぞれの時代に発達した。しかし、日本の制度は大政奉還を境につながりが切れる。幕末に諸外国と結んだ不平等条約から脱け出すために、明治政府は欧米式の法制度を整えなければならなかった。

　福沢諭吉らが西欧文明の紹介に努め、伊藤博文や岩倉具視は憲法のモデル探しに外遊した。さらに、政府は外国人を高給で雇って、法制整備などの指導を仰いだ。フランス人ボアソナード(E.G.Boissonade)が旧民法典を、ドイツ人ロェスラー(K.F.H.Roesler)が旧商法典を、それぞれ起草した。英国人シャンド(A.Shand)は銀行制度の整備に力を尽くした。

　維新後早く作られたのは、銀行と取引所の法制である。渋沢栄一の建議により、米国の国法銀行(national bank. 州ではなく連邦の法律に基づく銀行)にならった国立銀行条例が明治5年に制定され、渋沢自身、第一国立銀行を設立した。明治7年制定の株式取引所条例は、ロンドン証券取引所を範としたが、徳川時代からの米商会所[74.1]と違いすぎるため、何度も立法をし直すことになった。

2　和魂洋才　　　　　　　　　　　　　　　　　　　　　　152.2

　旧民法典は、「民法出でて忠孝滅ぶ」との法典論争を招き、施行が延期された。旧商法典は明治23年に公布されたが、やはり日本固有の慣習を無視するものだなどの理由から、一部を除いて施行が延期された。旧商法は、フランス商法と同じく、破産の規定も含んでいた。

　政府の法典調査会で修正を加えた結果、新しい民法典が明治29年に成立し、新商法典は明治32年に成立、同じ年に施行された。新商法典は、連邦国家時代のドイツ商法をほぼ模範としたものであり、そこには手形・小切手の規定も入っていた。

　その後何度も改正はあったが、この明治32年の商法典は今も一部続いている。昭和9年には手形法と小切手法がそれぞれ単行法として独立したが、それはジュネーブ統一条約〔153.2〕に加盟したためである。また、昭和13年に有限会社法が制定された。商法典の度重なる改正は、主に株式会社の部分に加えられ、ほとんど原型をとどめないほどになり、平成17年には会社法が商法典から独立した〔152.4〕。

3　マッカーサーのコーンパイプ　　　　　　　　　　　　　　152.3

　第二次大戦後、日本は連合国の占領下に置かれ、とくにマッカーサー司令部(GHQ)による米国の影響を強く受けた。財閥解体に続いて昭和22年に独占禁止法が制定され、翌23年には証券取引法(金融商品取引法の前身)が成立した。いずれも経済民主化を狙う米国法の

半強制的継受である。司令部の担当官が理想に燃え、母法より徹底した内容にしたところもある。そのため、昭和27年に占領が終わるとすぐに、この二法は後向きの改正を受けた。

商法の株式会社に関する規定は、昭和25年に、米国法の考え方に沿って、抜本的ともいえるほど改正された。しかし占領の終結後も、独占禁止法や証券取引法のような揺り戻しは経験しなかった。同改正法は、それまでの株主総会万能をやめ、取締役会に新株発行を含む広い権限を持たせるなど、経営機構の合理化を図ると同時に、代表訴訟や株式買取請求などについて株主の権利を強化した。これが時代の要請に沿っていたからであろう。

152.4 **4　第二・第三の黒船**

第二次大戦後の復興期は、立ち後れた産業の自立を助け、乏しい外貨を基幹産業の優先利用に回すため、カネの流れを国の内外で遮断する為替管理政策をとった。復興が一段落し、資本移動の自由化が世界の潮流となった1960年代、この政策を続けることはできなくなった。先進国の仲間入りをして、経済協力開発機構（OECD）に加わり、国際通貨基金（IMF）協定の6条国になる以上、資本自由化を進める必要があった。

資本自由化は数次にわたって実施されたが、産業界は、まだひ弱な日本企業が巨大な外資に呑み込まれると恐れ、第二の黒船への法的対策を要請した。昭和41年の商法改正には、定款で株式譲渡を制限してよい旨が加えられ、証券取引法の昭和46年改正は、公開買付けを規制する定めも加えた。日米構造問題協議〔141.1〕などで

は、日本の市場開放が不徹底だと主張する外国が、国内法の改正まで求めるようになった。第三の黒船というべきか。

社会問題になった企業不祥事を契機に、少なくともそれを理由として国会を通過させるのは、1つの立法パターンである。大型倒産が露呈した粉飾経理、首相の犯罪を含む贈収賄事件、バブルに連なる金融・証券の不祥事などが、株式会社の規模による区分規制や監査制度の強化を図る商法改正を推進し〔43.4〕、平成4年には証券取引等監視委員会を誕生させた。独占禁止法の昭和52年改正は、初めての規制強化であり、オイル・ショック時の石油カルテル事件〔121.2〕に支えられたものであったが、その後は持株会社の解禁など、緩和の方向での改正が多い。

5 グローバル化と現代化 152.5

内外企業の交流が盛んになると、法制度の国境を目障りに感じる。提携先企業とか、ファンドなど機関投資家は、声の大きい取引先あるいは株主であり、自分たちの本国や先進諸国と異なる制度の不合理さを非難する。監査役はあっても、社外取締役を制度化していない会社のガバナンス（経営の適切さ）には信頼が乏しい。指名委員会等設置会社〔42.1〕を加えるなどの改正には、こういう事情も背景にあったと思われる。

商法は土台が明治32年法であるため、改正規定も片仮名文語体で綴り、しかも枝番号条文が多くなった（極端には280条ノ6ノ4など）。改正が激しいのは会社に関する規定であり、準用条文が多いことも理解を難しくした。会社法現代化の作業が進められ、有限会

社を株式会社に統合するなど内容の整備を図るとともに、商法から切り離した平仮名口語体の会社法が平成17年に成立した。保険法〔平成20法56〕も独立し、商法〔明治32法48〕に残ったのは、総則・商行為(保険を除く)・海商だけになった。このうち運送については、すでに改正案が国会に提出されている(「商法及び国際海上物品運送法の一部を改正する法律案」[注1])。

民法〔明治29法89〕の契約を中心とする債権編の規定が改正された(本書冒頭の「凡例」参照。契約と密接に関わる代理や時効など総則規定も)。民法改正整備法により、時効期間や法定利率に関する商法の規定も改正される(前述〔14.1〕など)。基本法の性格から規定が高度に抽象化されていたのと、優れた簡潔な法文のおかげで、明治の民法は120年の風雪に耐えた。その間の社会・経済の変化は大きく、国民一般にとってのわかりやすさを高める狙いからも、久方ぶりに装いを新たにした。企業は、一般市民と異質の商人世界ではなく、アフターファイブやスーパー・フライデーの片側、全市民の生活空間の一部になったことを実感させる改正のように思える。

3　百花繚乱の企業法

153.1　1　競い合う家元

ロシアは社会主義を捨て、自由主義経済へ急速に移行した。中国は社会主義を維持しつつ市場経済原理を採用するため、会社法や証

注1　http://www.moj.go.jp/MINJI/minji07_00197.html

券取引法などを制定した。冷戦期にくらべ、私企業とその法制を持つ国はずいぶん増えた。

前述のように、フランス法系・ドイツ法系・英米法系と大まかな区分はできる。ひとつには商取引が合理性を求め、すぐれた法は継受・模倣されるからであり、また、第二次大戦後に独立した新興国は、おおむね旧宗主国の法制を引き継いだからでもある。しかし、つまみ食いの折衷も結構多く、各法系の内部でもバラエティに富んでいる。イタリアはフランス法を真似たがドイツ法も大幅に取り入れ、独自の法を作り上げた。日本もドイツ法系として出発したが、今の株式会社法を見る限り、日本法系としか言いようがない。

2　レールの幅を同じに

153.2

国によってそれぞれ法が違うと、国境を越えた取引にどの国の法を適用するかが問題になる。これを解決するために国際私法（衝突規則ともいう。「法の適用に関する通則法」〔平成18法78〕など）が発展したが、その選択ルール自体が国によって一様ではない。法の中身が統一されていればと願うのは自然の情である。国ごとにレールの幅が違っていては、列車の相互乗入れは難しい。

統一化の試みは古くからあり、今も続けられている。いくつかの分野では条約も出来た。例えば、国際海上物品運送法〔昭和32法172〕のもとになった船荷証券統一条約（略称。〔昭和32条21〕）、「国際航空運送についてのある規則の統一に関する条約」〔昭和28条17〕（ワルソー条約。国内法の効力も持つ。モントリオール条約による改正〔平成15条6〕）、売主と買主が別々の国に営業所を持つときに適用される

「国際物品売買契約に関する国連条約」〔平成20条8〕など。このような条約ができれば、加盟国の間では統一が実現する。しかし、どの条約も非加盟国が無視できない数に上る。留保をつけた上で加盟する国もある。手形・小切手のように技術的なものでも、1930年と1931年に成立したジュネーブの統一条約（〔昭和8条4〕〔昭和8条7〕など）には、英米法系の国が参加していない。両条約ともかなりの範囲で留保を認めており、加盟国の間にも差異が残る。

3　国の数と法律の数

日本に商法は1つしかないが、複数持っている国もある。連邦国家のうちドイツやスイスは単一の商事法を持つのに対し、米国、カナダ、オーストラリアなどには州ごとに違った法がある。英国でもスコットランド、北アイルランドの法は少し違う。

米国の50州はそれぞれ会社法・証券取引法などを持ち、その上に連邦の海事法、証券取引法や独占禁止法などがある。州際間の取引にどの州の法を適用するかが問題になり、国際私法に準じた衝突規則の研究が盛んである。この不便を緩和するため、法曹団体などがモデル法案を作り、各州の議会に採択を呼びかけてきた。売買や手形・小切手などについては統一商事法典(Uniform Commercial Code = UCC)が広く採用され、かなり統一が実現した。会社法についても模範事業会社法(Model Business Corporation Act=MBCA)を作ったが、統一はまだそれほど進んでいない（本店所在地を誘致して税収増を図るため、州規制の緩和を競う伝統。race to the bottom.）。

ヨーロッパ連合(EU)は経済的統合から政治的統合へと、着実な

歩みを示したが、2016年には英国の離脱を見た(Brexit. 通貨統合には当初から不参加)。独占禁止法や知的財産法などについてはEU自体の法が形成されつつある。加盟国法によらず、EU独自の法に基づく会社を設立することもできる(societas europaea)。また、EU中枢から各加盟国に指令(directives)を出し、会社法や証券関係法などの調和を図る法改正を進めている。

しかし、法統一の努力は今も続いており、前途はなお多難に見える。世界の商事立法は、ただ今のところ百花繚乱である。

4 企業法のアイデンティティ

1 商人のルールから市民のルールへ

154.1

会社法、手形・小切手法、保険法や海商法には、それぞれ一応のまとまりが見られる。これに対し、他の分野には歯抜けのように断片的な規定がよくある。典型は商事売買〔23.1〕である。歯抜けになったのは、企業活動のルールが合理的だというので、一般法に取り入れられた結果である。契約自由とか破産制度など、もとは商人のルールであったものが市民のルールに広がった例は多い(民法の商化)。

企業に関する法を一般法の中に吸収してしまい、独自の商法を持たない国がある。スイス、イタリアがそうであり、英米や北欧諸国にもとくに商法典といったものはない。19世紀末にドイツ帝国の商法典を作るとき、民法とは別建てにしない方がよいとの主張があり、日本にもこの考え方を支持する学者がいた(民商二法統一論)。

しかし、スイスやイタリアは法典として二法を統一はしたが、その中に商事規定を残している。

たしかに、市民の生活関係と企業関係との違いは相対的なものにすぎず、境界は流動的である。しかし、それぞれによく合った考え方や制度が必要なことは否定できない。市民生活の隅々まで、企業の論理で貫かれたのではやりきれないだろう。共通のところは一般法に依存し、企業関係に特有の問題を独自の領域とすることには理由がある。企業の特色を一言で表せば営利性ということであり、企業法は、社会の調和を保ちながら、企業がこの目的を実現しやすい枠組を提供するものである。

154.2　2　氷河は動く

商法という名の法律がある〔明治32法48〕。商事法というときには、商法から離れた会社法や保険法・運送法なども広く含むが、私法を中心に考える。この意味のものを指すのに商法の語もよく使う。同じ意味に企業法という言葉を使うことも多い。その場合は企業をめぐる私益の調整が主眼だから、公益に重きを置き行政的規制が中心になる分野、例えば独占禁止法や金融商品取引法は、経済法として別に考えることが多い。これらも含め、企業関係に特有の法を企業法と呼ぶのが適当ではないかと思われる。

一般法と企業法の境界も流動的である。例えば、法定利率は民事と商事で差がなくなる(前述〔13.5〕。世界的な超低金利政策の産物であり、イスラム国(IS)から利息禁止を要求されたわけではない)。また、企業法内部の区分けも固定しない。商法典は会社法・保険法その他

に発展的分解を遂げた。新しい分野も次々生まれる。停滞に進歩はない。企業法は今後も絶えず変化を続けるであろう。

事項索引

数字は本文の左右欄余白につけたパラグラフ番号(凡例参照)

あ 行

IMF ……………………………… 143.3
ITO ……………………………… 141.3
EFT ……………………………… 143.1
EU ………………………………… 153.3
意匠権 …………………………… 111.3
委託販売 ………………………… 22.3
一事不再理 ……………………… 132.1
一人会社 ………………………… 52.2
移転価格 ………………………… 145.2
インターネット決済 …………… 103.2
内整理 …………………………… 81.2
裏書譲渡(手形の) ……………… 101.5
運送証券 ……………… 101.3　103.1
営業の自由 ……………………… 134.1
ADR ……………………………… 131.3
SEC ……………………………… 131.1
SDR ……………………………… 143.3
SPC 法 …………………………… 103.5
M&A ……………………………… 142.2
MNE ……………………………… 144.3
L/C ……………………………… 143.1
縁故募集 ………………………… 63.3
オプション ……………………… 74.2
親会社 …………………… 52.1～52.3
卸売商 …………………………… 22.1

か 行

海外勤務 ………………………… 142.3
開業規制 ……………… 134.2　134.4
会計監査人 …… 42.1　43.4　52.3　54.1
会計監査人設置会社 ……………… 54.1
外国会社 ………………………… 142.1
解散(会社の) …………………… 83.2
外資系企業 ……………………… 142.1
会社 ……………………………… 43.3
会社更生 ………………………… 81.4
会社の分割 ……………………… 52.2
海上冒険貸借 …………………… 151.3
開発危険の抗弁 ………………… 95.3
外部資金 ………………………… 61.2
格付け …………………………… 64.3
確定期売買 ……………………… 23.2
確認の訴え ……………………… 132.1
額面株式 ………………………… 62.1
瑕疵担保責任(売主の) ………… 92.1
寡占 ……………………………… 121.3
課徴金 …………………………… 123.1
課徴金減免制度 ………………… 124.3
課徴金納付命令 ………………… 124.2
ガット …………………………… 141.3
合併 …………………… 122.3　142.2
株価操作 ………………………… 53.1
株券 ……………………………… 103.4
株券発行会社 …………………… 103.4
株式 …… 51.3　61.2　62.*　72.*　103.4
　122.4
　――の種類 …………………… 62.2
　――の持合い ………………… 53.*
　取得条項付―― ……………… 62.2
　取得請求権付―― …………… 62.2

株式移転	52.2	起訴便宜主義	132.4
株式会社	43.4　151.4	既判力	132.1
株式交換	52.2	忌避(裁判官の)	132.2
株式相互保有	53.2	欺瞞的な表示	123.2
株主	42.2　144.1	却下(訴えの)	132.1
株主総会	42.1　43.4	旧商法典	152.2
株主代表訴訟	92.4	給付の訴え	132.1
株主名簿の名義書換え	103.4	休眠会社	83.4
株主有限責任の原則	43.4	旧民法典	152.2
株主割当	63.1	行政改革	134.5
過振り	32.1	強制執行	132.3
仮差押え	132.3	行政指導	134.3
仮処分	132.3	行政処分	94.1
カルテル	51.1　121.1　121.2　124.2　124.3	行政手続法	134.2　134.3
為替手形	103.1　151.2	競争	124.4
為替取引	31.2	協同組合	43.2
関係会社	54.2	共同決定法(ドイツ)	42.2
関係人集会	81.4	共同不法行為	92.2
監査委員会	42.3　52.3	共販カルテル	121.1
監査等委員会設置会社	42.3　43.4　64.4	緊急停止命令	124.2
監査役	42.1　42.2　42.3　42.4　43.4　52.3	金融機関(の株式保有)	122.4
監査役会	42.1　43.4　83.3	金融指標	74.3
監査役設置会社	42.4	金融商品取引業者	73.1　75.1
関税及び貿易に関する一般協定	141.3	金融商品取引所	73.1
完全親会社・完全子会社	52.2	金融商品の説明義務	95.3
関連会社	54.2	クーリング・オフ	95.3
機関(会社の)	42.1	苦情処理	133.2
機関投資家	72.1	組合(民法上の)	43.2
企業集団	51.3　54.2	クラス・アクション	131.1
企業法	154.2	クレジットカード	31.3
議決権制限株式	62.2	経営者支配	42.2　53.1
規制	134.*	経営者の責任	92.4
規制緩和	134.4	経済的規制	134.4
		経済法	154.2
		刑事事件	132.4

事項索引　205

刑事責任	93.*	告発	132.4
形成の訴え	132.1	国立銀行条例	152.1
継続(会社の)	83.2	個人企業	43.1
景品	123.2	国家賠償法	92.3
景品表示法	123.2	固定為替相場制	143.3
契約	13.1	後配株	62.2
契約責任	92.1	コマーシャル・ペーパー	65.1
系列	54.2 123.1 141.1	コモンロー	151.5
決済	103.2 143.*		

(さ 行)

原因債権	101.3	サービスマーク	111.6
減資	82.2	最恵国待遇	141.3
原始定款	144.1	最高裁判所	132.2
権利行使価格	74.2	財閥	51.3 52.4 122.4
公開会社	43.4	裁判官	132.2
公開買付け	142.2	裁判所	132.2 132.3
工業所有権	111.6	裁判所法	132.2
工業所有権保護条約	113.1	再販制度	24.1
合資会社	43.3 151.3	先物取引	74.*
公正取引委員会	95.3 124.1	三罰規定	93.2
合同会社	43.3	残余財産の分配	83.3
抗弁の切断	101.3	CD	71.1
合弁会社	144.2	CP	65.1
合弁契約	144.2	時価発行公募	63.2
合名会社	43.3 151.3	事業者団体	121.2
コール	74.2	資金繰り	61.*
子会社	52.1 ~ 52.3	時効	13.3
小切手	101.3	自己資本	61.2
国債	74.2	資産運用	71.*
国際決済銀行	143.2	自社株	52.3
国際私法	153.2	システム・リスク	143.2
国際通貨基金	143.3	下請	51.1
国際物品売買契約に関する国連条約	153.2	示談	133.1
国際貿易機関	141.3	執行役	41.5 42.1 42.2 42.3 92.4
告訴	132.4	実施権(特許権等の)	114.1

実用新案権	111.2	商号	111.4
私的自治	132.1	商行為	14.2
私的整理	81.2	上告	132.2
私的独占	122.1 124.2	証拠証券	101.1
支配人	41.3	商事売買	23.1
資本金	43.4 82.1	使用者責任	92.2
資本減少	82.2	商人	14.2
資本参加	51.3	常任代理人	144.1
資本自由化	152.4	消費寄託	11.4
資本準備金	82.1	消費者の救済	95.3
資本提携	51.3	消費者保護	12.2
資本の空洞化	53.1	消費貸借	11.4
資本の欠損	82.1	商標権	111.4
指名委員会	42.3	商品取引所	74.1
指名委員会等設置会社	41.5 42.3 43.4 64.4	商品ファンド	75.3
社員	43.3	商法	154.2
社外監査役	42.4	情報開示	131.1
社会的規制	134.4	小法廷	132.2
社会的責任	91.1	剰余金	61.2 82.1
社外取締役	42.4	職業選択の自由	134.1
社債	64.*	植物新品種の保護条約	113.4
社債管理者	64.4	職務著作	114.2
集積回路	113.3	職務発明	114.2
受託会社	64.3	除権決定	102.2
出願	114.1	除斥(裁判官の)	132.2
ジュネーブの統一条約	153.2	処分権主義	132.1
種苗法	112.4 113.4	新株予約権	62.4 63.1 64.2
種類株主総会	62.3	新株予約権付社債	64.2
準則主義	151.4	親告罪	132.4
純投資	72.1	新商法典	152.2
少額訴訟	132.2	信託	75.2
商業信用状	143.1	信用取引(株式の)	73.*
証券化	103.5	垂直的結合	51.2
証券金融会社	73.2	水平的結合	51.2
		ストック・オプション	62.4

事項索引 207

項目	頁
スミソニアン協定	143.3
請求棄却	132.1
請求認容	132.1
政策投資	72.2
清算	83.3
製造物責任	95.3
世界知的所有権機関	113.1
世界貿易機関	141.3
設権証券	101.3
設立準拠法主義	142.1
善意取得	101.5
先願主義	114.1
全銀システム	31.2
送金	31.2
相互会社	43.2
倉庫証券	101.3　103.1
増資	63.*
総代会	43.2
即時取得	101.5
租税条約	145.1

た　行

項目	頁
第三者割当	63.3
貸借取引	73.2
代表執行役	41.5
代表取締役	41.4　42.1　42.2　42.3
大法廷	132.2
代理店	22.2　142.1
多国間交渉	141.3
多国籍企業	144.3
タックス・ヘイブン	145.2
他人資本	61.2
WTO	141.3
短期社債	65.1
単元株制度	62.1
談合	121.1
単体の財務諸表	54.1
担保付社債	64.3
知的財産権	111.* ～ 114.*
知的所有権	111.6
仲裁	133.1
駐在員事務所	142.1
超高度寡占	122.2
調停	133.1
著作権	111.5
通信販売	95.3
TNC	144.3
提携	51.1　144.1　144.2
データベース	112.2
締約代理商	22.2
手形	101.1　101.3
手形貸付	32.2
手形交換	33.1
手形割引	32.3
適用除外制度(独占禁止法の)	124.4
デビットカード	31.4
デリバティブ取引	74.*
転換社債	64.2
電子記録債権制度	103.3
電子資金移動	143.1
電子商取引	95.4
電話勧誘販売	95.3
問屋(といや)	22.3
統一商事法典	153.3
投機	71.2
当座貸越契約	32.1
当座預金	32.1
倒産	81.1
投資	71.2
投資一任契約	75.1

投資顧問契約	75.1
投資助言	75.1
投資信託	75.3
投資法人	75.3
同調的値上げ	121.3
登録	114.1
独占	122.2
独占禁止法違反	95.3
独占的状態	122.2
特別清算	83.3
特別引出権	143.3
匿名組合	43.2 151.3
特約店	22.2
特例有限会社	43.3
特許協力条約	113.1
特許権	111.1
特許主義(会社の)	151.4
TOPIX	74.3
取締役	41.4 42.1 43.4 92.4
取締役会	41.4 41.5 42.1 42.2 42.3 43.4 144.1
取締役会設置会社	41.4 42.1 43.4
取立て	31.2
取次	22.3

な 行

内国会社	142.1
内国民待遇	113.1 113.2 141.3
内整理	81.2
内部資金	61.2
仲立	22.4
ナポレオン法典	151.5
南北問題	144.3
二重課税	145.1
日米構造問題協議	141.1

日経225	74.3
ネット上の手形	103.3
ネット取引	95.4

は 行

パートナー	144.2
バイオテクノロジー	112.4
媒介	22.4
媒介代理商	22.4
排除措置命令	124.2
排他的特約店	123.1
破産	83.1
パリ条約(工業所有権)	113.1
万国著作権条約	113.2
犯罪能力(法人の)	93.1
半導体集積回路	112.3
販路協定	121.1
BIS規制	143.2
B/L	143.1
PL	95.3
非関税障壁	141.3
非訟事件	132.3
表見支配人	41.3
表見代表執行役	41.5
表見代表取締役	41.4
表見代理	41.2
標章	111.4
VER	141.2
不公正な取引方法	122.1 123.1
普通株	62.2 62.3
普通社債	64.2
プット	74.2
不動産投資ファンド	75.3
不当な取引制限	121.1
不当廉売	24.2

事項索引　209

船積書類	143.1	民法の商化	154.1
船荷証券	101.1 101.3 143.1	無因証券	101.3
船荷証券統一条約	153.2	無額面株式	62.1
不法行為責任	92.2	無限責任社員	43.3
プライスリーダー	121.3	無体財産権	111.6
プリペイドカード	31.4	無担保社債	64.3
不利益処分	134.2	無方式主義	113.2
振替株式	103.4	免許主義(会社の)	151.4
振込み	31.2	免責証券	101.2
ブレトン・ウッズ協定	143.3	持株会社	52.4 122.4
プログラム	112.1	持分	43.3
不渡手形	33.2	持分会社	43.3
粉飾経理	54.1	模範事業会社法	153.3
ヘッジ	74.1	文言証券	101.3

や 行

別除権	83.1	役員の兼任	51.4 122.4
ベルヌ条約(著作権)	113.2	約束手形	65.0 103.1 151.2
弁護士	131.1	役付取締役	41.4 42.1
変動為替相場制	143.3	優越的地位の濫用	122.1
弁論主義	132.1	有価証券	101.* 103.1
貿易摩擦	141.2	有限会社	43.3
報酬委員会	42.3	有限責任社員	43.3
法人税	145.1	UCC	153.3
法曹一元化	132.2	優先株	62.2
法定準備金	82.1	優先権制度	113.1
法定利率	13.5	輸出自主規制	141.2 141.3
訪問販売	95.3	輸入総代理店	21.1
保険の起源	151.3	要因証券	101.3
保全命令	132.3	ヨーロッパ連合	153.3

ま 行

ら 行

マラケシュ協定	141.3	ラウンド	141.3
民事再生	81.3	リーニエンシー	124.3
民事執行法	132.3	利益準備金	82.1
民事保全法	132.3		
民商二法統一論	154.1		

利益相反取引	92.4
流通系列化	21.2　51.1　123.1
流動資産	61.2
流動負債	61.2
留保利益	61.2
両罰規定	93.2
隣人訴訟	131.3
劣後株	62.2
連結計算書類	54.1
連結財務諸表	54.1
連帯保証	13.4
連邦国家	153.3
連邦証券取引委員会	131.1
ロイヤルティ	111.1
労働関係	142.3

わ　行

WIPO	113.1
和解	133.1
ワルソー条約	153.2

著者紹介

龍田　節（たつた　みさお）

1933年　神戸市に生まれる
1956年　京都大学法学部卒業
その後　同学部助手、講師、助教授を経て教授、同大学大学院法学研究科教授
　　　　神戸学院大学法学部教授
　　　　同志社大学大学院司法研究科教授（のち、特別客員教授）
　　　　大阪弁護士会登録（弁護士法人大江橋法律事務所勤務）などを経て
現　在　京都大学名誉教授
主　著　現代企業法講座（全5巻、共編著、1984-85年、東京大学出版会）
　　　　証券取引法Ⅰ（1994年、悠々社）
　　　　企業法と国際社会（1997年、有斐閣）
　　　　会社法大要（共著、第2版、2017年、有斐閣）

杉浦　市郎（すぎうら　いちろう）

1951年　愛知県安城市に生まれる
1980年　京都大学大学院法学研究科博士課程単位取得退学
現　在　愛知大学法学部教授
主　著　経済法（共編著、1996年、法律文化社）
　　　　消費者法これだけは（編著、2007年、法律文化社）

<ruby>企業法入門<rt>きぎょうほうにゅうもん</rt></ruby>〔第5版〕

1997年2月13日	初　版第1刷発行
2000年4月20日	第2版第1刷発行
2003年6月15日	第3版第1刷発行
2008年3月10日	第4版第1刷発行（以上、㈱悠々社にて刊行）
2018年3月10日	第5版第1刷発行

著　者　　龍田　節／杉浦市郎
発行者　　串崎　浩
発行所　　株式会社日本評論社
　　　　　〒170-8474　東京都豊島区南大塚3-12-4
　　　　　電話　03-3987-8621（販売）　FAX　03-3987-8590
　　　　　振替　00100-3-16　　https://www.nippyo.co.jp/
印　刷　　精文堂印刷株式会社
製　本　　井上製本所
装　幀　　銀山宏子

Ⓒ2018　龍田　節／杉浦市郎　Printed in Japan
ISBN978-4-535-52343-2

JCOPY〈(社)出版者著作権管理機構　委託出版物〉
本書の無断複写は著作権法上での例外を除き禁じられています。複写される場合は、そのつど事前に、(社)出版者著作権管理機構（電話 03-3513-6969、FAX 03-3513-6979、e-mail：info@jcopy.or.jp）の許諾を得てください。また、本書を代行業者等の第三者に依頼してスキャニング等の行為によりデジタル化することは、個人の家庭内の利用であっても、一切認められておりません。